XIII.

Papier-Vélin.

OEUVRES

DE

JACQUES DELILLE.

SE TROUVE

A STRASBOURG, chez LEVRAULT et compagnie;
A DARMSTADT, à la librairie de la Cour;
A LEIPSICK, chez Guillaume REIN et compagnie.

Virgile

L'HOMME DES CHAMPS,

OU

LES GÉORGIQUES FRANÇOISES;

PAR JACQUES DELILLE.

NOUVELLE ÉDITION AUGMENTÉE, AVEC FIGURES.

A PARIS,

DE L'IMPRIMERIE DE P. DIDOT L'AÎNÉ.

CHEZ LEVRAULT, SCHOELL ET CIE,
RUE DE SEINE, HÔTEL LAROCHEFOUCAULD.

M. DCCCV.

PRÉFACE.

Un des hommes de France qui a le plus d'esprit, qui a rempli avec succès de grandes places, et qui a écrit sur divers objets avec autant d'intérêt que d'élégance, a dit, dans des Considérations sur l'état de la France: « M. l'abbé Delille jouiroit de la plus « haute réputation, s'il eût composé de lui-même au « lieu de traduire, et s'il eût traité des sujets plus « intéressants. »

Il faut recevoir les éloges avec modestie, et réfuter avec calme les critiques injustes. Peut-être ma réponse à M. de M., en me disculpant des reproches qu'il me fait, pourra-t-elle établir quelques principes de goût, ou trop oubliés, ou trop peu connus, et détruire un préjugé véritablement funeste à notre littérature.

D'abord pourquoi M. de M. regarde-t-il l'art d'embellir les paysages comme un sujet peu intéressant? Il est bon de remonter un peu plus haut pour apprendre au public, et peut-être à M. de M. lui-même, la source de cette erreur; et cette discussion peut avoir son utilité.

Il n'est que trop vrai que quelques genres privilégiés, la tragédie et la comédie, les romans, et les poésies nommées fugitives, ont long-temps exercé presque exclusivement tous nos poëtes; les gens du monde, de leur côté, ne se sont guère occupés d'aucun autre genre de poésie. Aussi, tandis que nos voisins se glorifioient d'une foule de poëmes étrangers au théâtre et à la poésie légère, notre indigence en ce genre étoit extrême, et quelques épîtres de Voltaire sur des sujets de morale ne nous avoient pas suffisamment vengés.

Cette réflexion, déja si importante sous le rapport littéraire, l'est encore davantage sous ses rapports moraux et politiques: ce goût prédominant pour les poésies légères et fugitives ne peut que nourrir, dans un peuple accusé trop justement peut-être de frivolité, cette légèreté qui s'est conservée au milieu des plus terribles circonstances. C'est pour elle qu'il n'y a point eu de révolution: on nous a vus plaisanter sur des crimes atroces dont nous n'aurions dû que frémir; on a mis du ridicule à la place du courage; et ce peuple malheureux, et si obstinément gai, auroit pu dire aussi:

« Jai ri, me voilà désarmé. »
Piron, Métromanie.

A l'égard des romans et des ouvrages de théâtre, l'amour exclusif de ce genre de littérature est peut-être plus dangereux encore. Ils accoutument l'ame à ces sensations violentes, si opposées à cette heureuse habitude des sentiments doux et modérés, d'où résultent ces émotions paisibles, également néces-

PRÉFACE.

saires au bonheur et à la vertu; et si, à travers cette habitude et ce besoin des impressions fortes et des mouvements désordonnés, que cherchent à exciter les représentations théâtrales et les narrations romanesques, arrivoit une révolution inattendue, toute modération en seroit probablement bannie: on verroit souvent les assemblées publiques dégénérer en représentations théâtrales, les discours en déclamations, les tribunes en loges où les huées et les applaudissements seroient prodigués avec fureur par les partis opposés; les rues même auroient leurs treteaux, leurs représentations et leurs acteurs: le même besoin de nouveautés se montreroit dans ce nouveau genre de spectacles; des scènes se succéderoient, chaque jour plus violentes, et les excès de la veille rendroient nécessaires les crimes du lendemain; tant l'ame, accoutumée aux impressions immodérées, ne sait plus s'arrêter, et ne connoît plus que les excès pour échapper à l'ennui!

Il est donc utile d'encourager d'autres genres de poésie; de ne pas rebuter par un dédain injuste ceux qui, sans cet appareil et tous ces mouvements passionnés, tâchent d'embellir des couleurs poétiques les objets de la nature et les procédés des arts, les préceptes de la morale ou les douces occupations de la vie champêtre. Telles sont les Géorgiques de Virgile: tels sont, avec la double infériorité et de notre langue et du talent de l'auteur, le poëme des Jar-

PRÉFACE.

dins et les Géorgiques françoises. La personne éclairée que je prends la liberté de réfuter regarde le sujet du premier de ces deux ouvrages comme peu intéressant. Veut-elle dire qu'il ne peut exciter ces secousses fortes et ces impressions profondes réservées à d'autres genres de poésie? je suis de son avis. Mais n'y a-t-il que ce genre d'intérêt? Eh quoi! cet art charmant, le plus doux et le plus naturel et le plus vertueux de tous; cet art que j'ai appelé ailleurs le luxe de l'agriculture, que les poëtes eux-mêmes ont peint comme le premier plaisir du premier homme; ce doux et brillant emploi des richesses des saisons et de la fécondité de la terre, qui charme la solitude vertueuse, qui amuse la vieillesse détrompée, qui présente la campagne et les beautés agrestes avec des couleurs plus brillantes, des combinaisons plus heureuses, et change en tableaux enchanteurs les scènes de la nature sauvage et négligée, seroit sans intérêt! Milton, le Tasse, Homère, ne pensoient pas ainsi, lorsque, dans leurs poëmes immortels, ils épuisoient sur ce sujet les trésors de leur imagination. Ces morceaux, lorsqu'on les relit, retrouvent ou réveillent dans nos cœurs le besoin des plaisirs simples et naturels. Virgile, dans ses Géorgiques, a fait d'un vieillard qui cultive au bord du Galèse le plus modeste des jardins, un épisode charmant qui ne manque jamais son effet sur les bons esprits et les ames sensibles aux véritables beautés de l'art et de la nature.

Ajoutons qu'il y a dans tout ouvrage de poésie deux sortes d'intérêt, celui du sujet et celui de la composition. C'est dans les poëmes du genre de celui que je donne au public que doit se trouver au plus haut degré l'intérêt de la composition. Là vous n'offrez au lecteur ni une action qui excite vivement la curiosité, ni des passions qui ébranlent fortement l'ame. Il faut donc suppléer cet intérêt par les détails les plus soignés et la perfection du style le plus brillant et le plus pur. C'est là qu'il faut que la justesse des idées, la vivacité du coloris, l'abondance des images, le charme de la variété, l'adresse des contrastes, une harmonie enchanteresse, une élégance soutenue, attachent et réveillent continuellement le lecteur. Mais ce mérite demande l'organisation la plus heureuse, le goût le plus exquis, et le travail le plus opiniâtre. Aussi les chefs-d'œuvre en ce genre sont-ils rares. L'Europe compte deux cents bonnes tragédies: les Géorgiques et le poëme de Lucrèce, chez les anciens, sont les seuls monuments du second genre; et tandis que les tragédies d'Ennius, de Pacuvius, la Médée même d'Ovide, ont péri, l'antiquité nous a transmis ces deux poëmes; et il semble que le génie de Rome ait encore veillé sur sa gloire en nous conservant ces chefs-d'œuvres. Parmi les modernes nous ne connoissons guère que les deux poëmes des Saisons, anglois et françois, l'Art poétique de Boileau, et l'admirable Essai sur l'homme, de Pope, qui aient obtenu et conservé une place distinguée parmi les ouvrages de poésie.

Un auteur justement célèbre, dans une épître imprimée long-temps après des lectures publiques de quelques parties de cet ouvrage, a paru vouloir déprécier ce genre de composition : il nous apprend que le sauvage lui-même chante sa maîtresse, ses montagnes, son lac, ses forêts, sa pêche et sa chasse. Quel rapport, bon Dieu! entre la chanson informe de ce sauvage et le talent de l'homme qui sait voir les beautés de la nature avec l'œil exercé de l'observateur, et les rendre avec la palette brillante de l'imagination; les peindre, tantôt avec les couleurs les plus riches, tantôt avec les nuances les plus fines; saisir cette correspondance secrète, mais éternelle, qui existe entre la nature physique et la nature morale, entre les sensations de l'homme et les ouvrages d'un Dieu; quelquefois sortir heureusement de son sujet par des épisodes qui s'élèvent jusqu'à l'intérêt de la tragédie, ou jusqu'à la majesté de l'épopée! C'est ici le lieu de répondre à quelques critiques, au moins rigoureuses, qu'on a faites du poëme des Jardins. Peut-être est-il permis, après quinze ans de silence, de chercher à

PRÉFACE.

détruire l'impression fâcheuse que ces critiques ont pu faire.

Les uns lui ont reproché le défaut de plan. Tout homme de goût sent d'abord qu'il étoit impossible de présenter un plan parfaitement régulier en traçant des jardins dont l'irrégularité pittoresque et le savant désordre font un des premiers charmes. Lorsque Rapin a écrit un poëme latin sur les jardins réguliers, il lui a été facile de présenter dans les quatre chants qui le composent, 1° les fleurs, 2° les vergers, 3° les eaux, 4° les forêts. Il n'y a à cela aucun mérite, parcequ'il n'y a aucune difficulté. Mais dans les jardins pittoresques et libres, où tous ces objets sont souvent mêlés ensemble, où il a fallu remonter aux causes philosophiques du plaisir qu'excite en nous la vue de la nature embellie et non pas tourmentée par l'art; où il a fallu exclure les alignements, les distributions symétriques, les beautés compassées, un autre plan étoit nécessaire. L'auteur a donc montré dans le premier chant l'art d'emprunter à la nature et d'employer heureusement les riches matériaux de la composition pittoresque des jardins irréguliers, de changer les paysages en tableaux; avec quel soin il faut choisir l'emplacement et le site, profiter de ses avantages, corriger ses inconvénients; ce qui dans la nature se prête ou résiste à l'imitation; enfin la distinction des différents genres du jardin et des paysages, des jardins libres et des jardins réguliers. Après ces leçons générales viennent les différentes parties de la composition pittoresque des jardins : ainsi le second chant a tout entier pour objet les plantations, la partie la plus importante du paysage. Le troisième renferme les objets dont chacun n'auroit pu remplir un chant sans tomber dans la stérilité et la monotonie; tels sont les gazons, les fleurs, les rochers et les eaux.

Le quatrième chant enfin contient la distribution des différentes scènes majestueuses ou touchantes, voluptueuses ou sévères, mélancoliques ou riantes; l'artifice avec lequel doivent être tracés les sentiers qui y conduisent; enfin ce que les autres arts, et particulièrement l'architecture et la sculpture, peuvent ajouter à l'art des paysages. Ce qu'il y a de remarquable c'est que, sans que l'auteur se le soit proposé, ce plan accusé de désordre se trouve être parfaitement le même que celui de l'Art poétique, si vanté pour sa régularité. En effet Boileau, dans son premier chant, traite des talents du poëte et des règles générales de la poésie; dans le second et le troisième, des différents genres de poésie, de l'idylle, de l'ode, de la tragédie, de l'épopée, etc., en donnant, comme j'ai eu soin de le faire, à chaque objet une étendue proportionnée à son importance : enfin le quatrième chant a pour objet la conduite et les mœurs du poëte, et le but moral de la poésie.

PRÉFACE. 9

Des critiques plus sévères encore ont reproché à ce poëme le défaut de sensibilité. Je remarquerai d'abord que plusieurs poètes ont été cités comme sensibles pour en avoir imité différents morceaux. Des personnes plus indulgentes ont cru trouver de la sensibilité dans les regrets que le poëte a donnés à la destruction de l'ancien parc de Versailles, auquel il a attaché des souvenirs de tout ce qu'offroit de plus touchant et de plus majestueux un siècle à jamais mémorable; dans la peinture des impressions que fait sur nous l'aspect des ruines : morceau alors absolument neuf dans la poésie françoise, et plusieurs fois imité depuis en prose et en vers. Elles ont cru en trouver dans la peinture de la mélancolie, naturellement amenée par celle de la dégradation de la nature vers la fin de l'automne. Elles ont cru en trouver dans cette plantation sentimentale qui a su faire des arbres jusqu'alors sans vie, et pour ainsi dire sans mémoire, des monuments d'amour, d'amitié, du retour d'un ami, de la naissance d'un fils; idée également neuve à l'époque où le poëme des Jardins a été composé, et également imitée depuis par plusieurs écrivains.

Elles ont cru en trouver dans l'hommage que l'auteur a rendu à la mémoire du célèbre et malheureux Cook. Elles en ont trouvé enfin dans l'épisode touchant de cet Indien qui, regrettant au milieu des pompes de Paris les beautés simples des lieux

qui l'avoient vû naître, à l'aspect imprévu d'un ba-
nanier offert tout-à-coup à ses yeux dans le jardin
des plantes, s'élance, l'embrasse en fondant en larmes, et, par une douce illusion de la sensibilité, se
croit un moment transporté dans sa patrie.

D'ailleurs il est deux espèces de sensibilité. L'une
nous attendrit sur les malheurs de nos égaux, puise
son intérêt dans les rapports du sang, de l'amitié ou
de l'amour, et peint les plaisirs ou les peines des
grandes passions qui font ou le bonheur ou le malheur des hommes. Voilà la seule sensibilité que
veulent reconnoître plusieurs écrivains. Il en est
une beaucoup plus rare et non moins précieuse:
c'est celle qui se répand, comme la vie, sur toutes
les parties d'un ouvrage; qui doit rendre intéressantes les choses les plus étrangères à l'homme; qui
nous intéresse au destin, au bonheur, à la mort
d'un animal, et même d'une plante; aux lieux que
l'on a habités, où l'on a été élevé, qui ont été
témoins de nos peines ou de nos plaisirs; à l'aspect
mélancolique des ruines. C'est elle qui inspiroit
Virgile lorsque, dans la description d'une peste qui
moissonnoit tous les animaux, il nous attendrit
presque également, et sur le taureau qui pleure la
mort de son frère et de son compagnon de travail,
et sur le laboureur qui laisse en soupirant ses travaux imparfaits: c'est elle encore qui l'inspire
lorsqu'au sujet d'un jeune arbuste qui prodigue

PRÉFACE.

imprudemment la luxuriance prématurée de son jeune feuillage, il demande grace au fer pour sa frêle et délicate enfance. Ce genre de sensibilité est rare, parcequ'il n'appartient pas seulement à la tendresse des affections sociales, mais à une surabondance de sentiment qui se répand sur tout, qui anime tout, qui s'intéresse à tout; et tel poëte qui a rencontré des vers tragiques assez heureux, ne pourroit pas écrire six lignes de ce genre.

Enfin vingt éditions de ce poëme, des traductions allemandes, polonoises, italiennes, deux traductions angloises en vers, répondent peut-être suffisamment aux critiques les plus sévères. L'auteur ne s'est pas dissimulé la défectuosité de plusieurs transitions froides ou parasites; il a corrigé ces défauts dans une édition toute prête à paroître, et augmentée de plusieurs morceaux et de plusieurs épisodes intéressants qui donneront un nouveau prix à l'ouvrage[1]. C'est sur-tout pour annoncer cette édition avec quelque avantage qu'il a tâché de réfuter les critiques trop rigoureuses qu'on a faites de ce poëme. Plusieurs personnes ont affecté de le mettre fort au-dessous de la traduction des Géorgiques : cela est tout simple; cet ouvrage étoit de son invention, et on a préféré de lui céder les honneurs de la traduction. Ce genre de composition, qui demande des auteurs d'un grand talent, veut

[1] Cette édition a paru depuis.

aussi des lecteurs d'un goût exquis. Les prolétaires de Rome pouvoient pleurer à la représentation d'Oreste et de Pylade; mais il n'appartenoit qu'à Horace, à Tucca, à Pollion, à Varius, d'apprécier les Géorgiques de Virgile : eux seuls et leurs pareils pouvoient saisir ces innombrables beautés de détails sans cesse renaissantes, cette continuité d'élégance et d'harmonie, ces difficultés heureusement vaincues, ces expressions pleines de force, de hardiesse ou de grace, cet art de peindre par les sons, enfin ce secret inimitable du style qui a su donner de l'intérêt à la formation d'un sillon ou à la construction d'une charrue.

Aussi ai-je peut-être un nouveau droit de me plaindre de l'homme estimable dont j'ai parlé plus haut, lorsqu'il a dit que je me suis trop occupé à traduire, sans parler du genre de traduction. Il est étrange que M. de M. n'ait pas daigné distinguer la traduction en vers des traductions en prose. Il n'y a pas un homme de lettres qui, sous le rapport de la difficulté vaincue, n'en connoisse l'extrême différence. Avec un peu plus d'attention M. de M. se seroit souvenu qu'au moment où cette traduction a paru, il n'existoit encore dans notre langue aucune traduction en vers des anciens poëtes, et qu'à cet égard notre littérature éprouvoit un vide inconnu dans la littérature étrangère, et particulièrement dans la littérature angloise; il se seroit souvenu que

PRÉFACE.

la traduction d'Homere étoit de tous les ouvrages de Pope celui qui avoit le plus contribué à sa réputation et à sa fortune : il ne pouvoit pas ignorer non plus qu'indépendamment des difficultés que présente une traduction en vers, celle des Géorgiques en avoit de particulières qui ne permettent à aucun homme de goût de la confondre avec aucune autre. L'époque où l'auteur a commencé sa traduction ajoutoit encore à la difficulté. Personne alors, excepté les agriculteurs de profession, ne s'occupoit d'agriculture; nulle société, nulle académie ne s'étoit consacrée à la théorie de ce premier des arts; aucun livre encore ou presque aucun n'en avoit traité; les mots de rateau, de herse, d'engrais, de fumier, paroissoient exclus de la poésie noble : enfin l'agriculture étoit alors en pleine roture. Aussi un auteur qui entreprendroit aujourd'hui une nouvelle traduction des Géorgiques, trouvant la route déja frayée, le préjugé affoibli, les formes de ce genre de style multipliées, l'art de l'agriculture ennobli, pourroit, en faisant mieux, avoir moins de mérite, puisqu'il auroit moins de difficultés à vaincre, et ne travailleroit point avec cette hésitation qui refroidit la composition et affoiblit la verve poétique.

Ajoutez à cela qu'il y a cent fois plus de difficultés à vaincre dans notre versification que dans toutes les langues du monde, et qu'il n'étoit pas facile

PRÉFACE.

de porter avec aisance et avec grace ces entraves multipliées. Aussi doit-il être permis, ce me semble, à ceux qui ont essayé de vaincre ces obstacles, de se prévaloir des témoignages illustres qui peuvent les payer des efforts qu'ils ont faits, ou les consoler des critiques qu'ils ont essuyées. Qu'on me permette donc de citer une anecdote qui peut-être montrera quelle idée les esprits les plus distingués en vers ont eue d'une traduction des Géorgiques.

Lorsque, presque enfant encore, j'eus traduit quelques livres de ce poëme, j'allai trouver le fils du grand Racine. Son poëme sur la religion, dont la poésie est toujours élégante et naturelle, et quelquefois sublime, me donnoit la plus haute idée de son goût comme de ses talents. J'allai le trouver, et lui demandai la permission de le consulter sur une traduction en vers des Géorgiques. « Les Géorgi« ques! me dit-il d'un ton sévère; c'est la plus témé« raire des entreprises. Mon ami M. Lefranc, dont « j'honore le talent, l'a tentée, et je lui ai prédit « qu'il échoueroit [1] ». Cependant le fils du grand Racine voulut bien me donner un rendez-vous dans une petite maison où il se mettoit en retraite deux fois par semaine pour offrir à Dieu les larmes qu'il versoit sur la mort d'un fils unique, jeune homme de la plus haute espérance, et l'une des malheu-

---

(1) La traduction de M. Lefranc a été imprimée depuis quelques années.

reuses victimes du tremblement de terre de Lisbonne. Je me rendis dans cette retraite: je le trouvai dans un cabinet au fond du jardin, seul avec son chien, qu'il paroissoit aimer extrêmement. Il me répète plusieurs fois combien mon entreprise lui paroissoit audacieuse. Je lis avec une grande timidité une trentaine de vers. Il m'arrête, et me dit: « Non seulement je ne vous détourne plus de « votre projet, mais je vous exhorte à le poursui- « vre ». J'ai senti peu de plaisirs aussi vifs en ma vie. Cette entrevue, cette retraite modeste, ce cabinet où ma jeune imagination croyoit voir rassemblées la piété tendre, la poésie chaste et religieuse, la philosophie sans faste, la paternité malheureuse, mais résignée; enfin le reste vénérable d'une illustre famille prête à s'éteindre faute d'héritiers, mais dont le nom ne mourra jamais, m'ont laissé une impression forte et durable. Je partis plein d'ardeur et de joie, croyant avoir entendu non seulement la voix du chantre de la religion, mais quelques accents de l'auteur d'Athalie, et je suivis ma pénible entreprise, qui m'a valu des éloges dont je suis flatté, et des critiques dont j'ai profité.

A l'opinion de Racine je puis joindre celle de Voltaire et du grand Frédéric. Les réputations inférieures, quand on les attaque, ont sans doute le droit de se mettre à l'abri des grandes renommées qui veulent bien les protéger. Frédéric, qui avoit trop de goût pour ne pas sentir qu'il n'existoit alors dans notre langue aucun modèle de ce genre d'ouvrage, dit, après l'avoir lu, ce mot charmant : « Cette traduction est l'ouvrage le plus original qui « ait paru en France depuis long-temps. »

Quant à Voltaire, tout le monde a lu, dans son discours de réception à l'académie françoise, ces mots remarquables : « Qui oseroit parmi nous « entreprendre une traduction des Géorgiques de « Virgile »? Je passe sous silence les passages de ses lettres où l'éloge souvent répété de cette traduction me paroît à moi-même trop au-dessus de l'ouvrage, et n'a pas un rapport immédiat avec la difficulté de traduire en vers un ouvrage aussi étranger à notre langue que les Géorgiques. On verra combien il étoit frappé de cette difficulté dans les phrases suivantes: « Je regarde la traduction des Géorgiques « de Virgile par M. l'abbé Delille comme un des « ouvrages qui font le plus d'honneur à la langue « françoise ; et je ne sais si Boileau lui-même eût « osé traduire les Géorgiques ». *(Let. à Chabanon.)*
« Rempli de la lecture des Géorgiques de l'abbé « Delille, je sens tout le mérite de la difficulté si « heureusement surmontée, et je pense qu'on ne « peut faire plus d'honneur à Virgile et à la nation ». *(Let. à l'acad.)* On voit combien ce grand homme étoit loin de confondre cette traduction avec celle d'un roman, d'une histoire, ou même de tout autre

poéme, quel qu'il puisse être : c'est qu'il sentoit mieux qu'un autre combien étoit indigente dans ce genre cette langue dont il disoit avec tant d'esprit : « C'est une gueuse fière, à qui il faut faire l'au-« mône malgré elle. »

Ce qui peut servir encore à prouver combien cette traduction étoit difficile, c'est que M. de Pompignan, comme me l'avoit prédit l'illustre fils de Racine, y a complètement échoué. La version qu'il en a publiée est imprimée depuis plusieurs années, et à peine en connoît-on l'existence. Cependant il s'en faut de beaucoup que ce poëte mérite le mépris que lui a prodigué M. de Voltaire; et sa tragédie de Didon, et plusieurs de ses odes sacrées, sont au nombre de nos plus beaux monuments littéraires : mais celui qui avoit heureusement rendu les amours de Didon a échoué dans la description d'une charrue.

Maintenant qu'il me soit permis de remercier M. de M. des éloges si flatteurs qu'il me donne, et des observations rigoureuses qu'il a faites, puisqu'elles m'ont valu l'occasion de me parer de suffrages aussi illustres, ce que je n'aurois osé faire s'il n'eût déprécié le genre de travail dont je me suis occupé, qui a de si grands rapports avec l'ouvrage que je publie aujourd'hui, et dont il est temps de développer le plan et l'intention.

Ces nouvelles Géorgiques n'ont rien de commun

avec celles qui ont paru jusqu'à ce jour, et le nom de Géorgiques, ainsi que dans d'autres poëmes françois, et particulièrement dans le poëme des Saisons du cardinal de Bernis, est employé ici dans un sens plus étendu que son acception ordinaire. Ce poëme est divisé en quatre chants, qui, tous relatifs aux jouissances champêtres, ont pourtant chacun leur objet particulier.

Dans le premier, c'est le sage qui, avec des sens plus délicats, des yeux plus exercés que le vulgaire, parcourt dans leurs innombrables variétés les riches décorations des scènes champêtres, et multiplie ses jouissances en multipliant ses sensations; qui, sachant se rendre heureux dans son habitation champêtre, travaille à répandre autour de lui son bonheur, d'autant plus doux qu'il est plus partagé. L'exemple de la bienfaisance lui est donné par la nature même, qui n'est à ses yeux qu'un échange éternel de secours et de bienfaits. Il s'associe à ce concert sublime, appelle au secours de ses vues bienfaisantes toutes les autorités du hameau qu'il habite, et, par ce concours de bienveillance et de soin, assure le bonheur et la vertu de la vieillesse et de l'enfance. Cette partie du poëme a été lue plusieurs fois à l'académie françoise, et particulièrement à la réception du malheureux M. de Malesherbes. Je dois dire que toutes les maximes de bienfaisance et d'amour du peuple étoient vivement applaudies par tout ce qu'il y avoit alors de plus considérable dans la nation. Je n'ai rien retranché de la recommandation que je faisois alors de la pauvreté à la fortune, et de la foiblesse à la puissance ; malgré les excès que le peuple s'est quelquefois permis, j'aurois été désavoué même par ses victimes.

Il se trouve aussi dans ce chant une soixantaine de vers empruntés de différents poëtes anglois ; mais en les imitant j'ai tâché de me les approprier par les images et l'expression. D'ailleurs ils ont presque tous dans mon poëme un but tout-à-fait différent. Il y a particulièrement dans la chasse du cerf une imitation dans laquelle je me suis rencontré avec M. de Saint-Lambert[1].

Le second chant peint les plaisirs utiles du cultivateur. Mais ce n'est pas ici l'agriculture ordinaire, qui sème ou recueille dans leurs saisons les productions de la nature, obéit à ses vieilles lois, et suit ses anciennes habitudes : c'est l'agriculture merveilleuse, qui ne se contente pas de mettre à profit les bienfaits de la nature, mais qui triomphe des obstacles, perfectionne les productions et les races indigènes, naturalise les races et les productions étran-

---

(1) Tels sont les vers qui commencent par ces mots, *Il revoit ces grands bois, si chers à sa mémoire.* Ayant travaillé sans livre, je ne puis pas répondre qu'il n'y ait dans ce poëme quelques traces de réminiscence. J'en préviens d'avance ceux qui font un grand crime de ces petits torts.

gères; force les rochers à céder la place à la vigne, les torrents à dévider la soie ou à domter les métaux; sait créer ou corriger les terrains, creuse des canaux pour l'agriculture et le commerce, fertilise par des arrosements les lieux les plus arides, réprime ou met à profit les ravages et les usurpations des rivières; enfin parcourt les campagnes, tantôt comme une déesse qui sème des bienfaits, tantôt comme une fée qui prodigue des enchantements.

Le troisième chant est consacré à l'observateur naturaliste, qui, environné des ouvrages et des merveilles de la nature, s'attache à les connoître, et donne ainsi plus d'intérêt à ses promenades, de charmes à son domicile, et d'occupations à ses loisirs; se forme un cabinet d'histoire naturelle orné non de merveilles étrangères, mais de celles qui l'environnent, et qui, nées dans son propre sol, lui deviennent plus intéressantes encore. Le sujet de ce chant est le plus fécond de tous, et jamais une carrière et plus vaste et plus neuve ne fut ouverte à la poésie.

Enfin le quatrième apprend au poëte des champs à célébrer, en vers dignes de la nature, ses phénomènes et ses richesses. En enseignant l'art de peindre les beautés champêtres, l'auteur a tâché d'en saisir lui-même les traits les plus majestueux et les plus touchants.

Le traducteur des Géorgiques de Virgile, en composant les siennes, s'est affligé souvent d'avoir avec son modèle la plus triste des ressemblances. Comme Virgile, il a écrit sur les plaisirs et les travaux champêtres pendant que les campagnes étoient désolées par la guerre civile et la guerre étrangère : comme lui il détournoit ses yeux de ces amas de cadavres et de ruines pour les rejeter sur les douces images du premier art de l'homme et des innocentes délices des champs. Auguste, paisible possesseur de Rome encore sanglante, s'occupa de ranimer l'agriculture et les bonnes mœurs qui marchent à sa suite; il engagea Virgile à publier ses Géorgiques : elles parurent avec la paix et en augmentèrent les charmes. C'est un heureux augure pour son imitateur. Puisse ce poème porter dans les ames effarouchées par de longues craintes, ulcérées par de longues souffrances, des sentiments doux et des affections vertueuses ! L'indulgence du lecteur jugera moins rigoureusement un ouvrage composé dans des temps si malheureux : il eût été plus soigné et moins imparfait s'il eût été composé avec un esprit libre et un cœur plus tranquille, et si, dans cette terrible révolution, l'auteur n'eût perdu que sa fortune !

Je finis cette préface par désavouer plusieurs morceaux de mes ouvrages non imprimés, qui se trouvent épars dans des journaux ou des recueils, morceaux dans lesquels j'ai trouvé avec peine des passages insérés par des mains étrangères; tels sont particulièrement une traduction d'une satire de Pope, faite presque au sortir de mon enfance, et une lettre écrite de Constantinople sur des ruines de la Grèce: il est juste qu'on ne soit chargé que de ses propres fautes.

Est-il un lieu plus propre à ce doux monument,
Où des manes chéris dorment plus mollement?

Chant I.

L'HOMME
DES CHAMPS.

PREMIER CHANT.

ARGUMENT.

Le Sage; l'art de se rendre heureux à la campagne et de répandre le bonheur autour de soi.

1° Tous ne savent pas goûter ce bonheur ; il ne faut pas transporter la ville aux champs ; théâtre de société. Réunions à la campagne. 2° Agréments de la campagne dans diverses saisons et à diverses heures du jour, entre autres les charmes de la rêverie au clair de la lune (*sujet de la première vignette de ce chant*). Ivresse avec laquelle l'auteur se livre à la contemplation de la nature (*sujet de la seconde vignette*). 3° Plaisirs accessoires que présentent la société, la chasse, l'étude des beaux arts, l'amitié, les affections morales. Usage touchant en Suisse dans les lieux de sépulture (*sujet de la gravure de ce chant*). Monument que la princesse Czartoriska a élevé à l'auteur et aux poëtes champêtres. 4° Le bonheur dans les champs devient plus touchant par l'exercice de la bienfaisance. Portraits d'un curé de campagne et de son maître d'école. Jeux villageois.

PREMIER CHANT.

Boileau jadis a su, d'une imposante voix,
Dicter de l'art des vers les rigoureuses lois;
Le chantre de Mantoue a su des champs dociles
Hâter les dons tardifs par des leçons utiles:
Mais quoi! l'art de jouir, et de jouir des champs,
Se peut-il enseigner? Non sans doute; et mes chants,
Des austères leçons fuyant le ton sauvage,
Viennent de la nature offrir la douce image,
Inviter les mortels à s'en laisser charmer:
Apprendre à la bien voir, c'est apprendre à l'aimer.
Ainsi, qu'après Vanière et le bon Hésiode
Du régime rural d'autres riment le code;

D'un pinceau moins usé, dans un cadre nouveau,
Des champêtres plaisirs je trace le tableau,
Et d'un riant séjour le possesseur tranquille,
Le maître bienfaisant, l'agriculteur habile,
L'observateur des champs, leur peintre harmonieux,
Tour-à-tour dans mes vers vont paroître à vos yeux.
Sujet digne en effet du chantre de Mantoue :
A son style divin tout cède, je l'avoue ;
Mais dans ce fond heureux par sa fécondité
J'ai pour moi la richesse et la variété.
Inspirez donc mes chants, beaux lieux, frais paysages,
Où la vie est plus pure, où les mortels plus sages
Ne se reprochent point le plaisir qu'ils ont eu.
Qui fait aimer les champs fait aimer la vertu :
Ce sont les vrais plaisirs, les vrais biens que je chante.

   Mais peu savent goûter leur volupté touchante :
Pour les bien savourer c'est trop peu que des sens ;
Il faut un cœur paisible et des goûts innocents.
Toutefois n'allons pas, déclamateurs stériles,
Affliger de conseils tristement inutiles
Nos riches d'autrefois, nos pauvres Lucullus,
Errants sur les débris d'un luxe qui n'est plus.
On a trop parmi nous réformé l'opulence.
Mais je ne parle pas seulement à la France ;
Ainsi que tous les temps j'embrasse tous les lieux.

O vous! qui dans les champs prétendez vivre heureux,
N'offrez qu'un encens pur aux déités champêtres.
Héritier corrompu de ses simples ancêtres,
Ce riche qui, d'avance usant tous ses plaisirs,
Ainsi que son argent tourmente ses desirs,
S'écrie à son lever: « Que la ville m'ennuie!
« Volons aux champs; c'est là qu'on jouit de la vie,
« Qu'on est heureux ». Il part, vole, arrive; l'ennui
Le reçoit à la grille et se traîne avec lui.
A peine il a de l'œil parcouru son parterre,
Et son nouveau kiosk, et sa nouvelle serre,
Les relais sont mandés : lassé de son château,
Il part, et court bâiller à l'opéra nouveau.
Ainsi, changeant toujours de dégoûts et d'asile,
Il accuse les champs, il accuse la ville;
Tous deux sont innocents : le tort est à son cœur;
Un vase impur aigrit la plus douce liqueur.

Le calme heureux des champs craint une pompe vaine:
L'orgueil produit le faste, et le faste la gêne.
Tel est l'homme; il corrompt et dénature tout.
Qu'au milieu des cités son superbe dégoût
Ait amené les bois, les fleurs et la verdure;
Je lui pardonne encor : j'aime à voir la nature,
Toujours chassée en vain, vengeant toujours ses droits,
Rentrer à force d'art chez les grands et les rois.

Mais je vois en pitié le Crésus imbécille
Qui jusque dans les champs me transporte la ville :
Avec pompe on le couche, on l'habille, on le sert ;
Et Mondor au village est à son grand couvert.

Bien plus à plaindre encor les jeunes téméraires
Qui, lassés tout-à-coup du manoir de leurs pères,
Vont sur le grand théâtre, ennuyés à grands frais,
Étaler leurs champarts, leurs moulins, leurs forêts ;
Des puissances du jour assiègent la demeure,
Pour qu'un regard distrait en passant les effleure,
Ou que par l'homme en place un mot dit de côté
D'un faux air de crédit flatte leur vanité.
Malheureux ! qui bientôt reviendront, moins superbes,
Et vendanger leur vigne et recueillir leurs gerbes,
Et sauront qu'il vaut mieux, sous leurs humbles lambris,
Vivre heureux au hameau qu'intrigant à Paris.

Et vous qui de la cour affrontez les tempêtes,
Qu'ont de commun les champs et le trouble où vous êtes ?
Vous y paroissez peu ; c'est un gîte étranger,
De votre inquiétude hospice passager.
Qu'un jour vous gémirez de vos erreurs cruelles !
Les flatteurs sont ingrats ; vos arbres sont fidèles,
Sont des hôtes plus sûrs, de plus discrets amis,
Et tiennent beaucoup mieux tout ce qu'ils ont promis.

Désertant des cités la foule solitaire
D'avance venez donc apprendre à vous y plaire.
Cultivez vos jardins, volez quelques instants
Aux projets des cités pour vos projets des champs;
Et si vous n'aimez point la campagne en vrai sage,
La vanité du moins chérira son ouvrage.

 Cependant, pour charmer ces champêtres loisirs,
La plus belle retraite a besoin de plaisirs.
Choisissons : mais d'abord n'ayons pas la folie
De transporter aux champs Melpomène et Thalie :
Non qu'au séjour des grands j'interdise ces jeux,
Cette pompe convient à leurs châteaux pompeux;
Mais sous nos humbles toits ces scènes théâtrales
Gâtent le doux plaisir des scènes pastorales :
Avec l'art des cités arrive leur vain bruit;
L'étalage se montre, et la gaîté s'enfuit :
Puis quelquefois les mœurs se sentent des coulisses,
Et souvent le boudoir y choisit ses actrices.
Joignez-y ce tracas de sotte vanité,
Et les haines naissant de la rivalité;
C'est à qui sera jeune, amant, prince, ou princesse;
Et la troupe est souvent un beau sujet de pièce.
Vous dirai-je l'oubli de soins plus importants,
Les devoirs immolés à de vains passe-temps?
Tel néglige ses fils pour mieux jouer les pères;

Je vois une Mérope, et ne vois point de mères :
L'homme fait place au mime, et le sage au bouffon.
Néron, bourreau de Rome, en étoit l'histrion :
Tant l'homme se corrompt alors qu'il se déplace !
Laissez donc à Molé, cet acteur plein de grace,
Aux Fleuris, aux Sainval, ces artistes chéris,
L'art d'embellir la scène et de charmer Paris ;
Charmer est leur devoir : vous, pour qu'on vous estime,
Soyez l'homme des champs ; votre rôle est sublime.

 Et quel charme touchant ne promettent-ils pas
A des yeux exercés, à des sens délicats !
Insensible habitant des champêtres demeures,
Sans distinguer les lieux, les saisons et les heures,
Le vulgaire au hasard jouit de leur beauté :
Le sage veut choisir. Tantôt la nouveauté
Prête aux objets naissants sa grace enchanteresse,
Tantôt de leur déclin l'aspect nous intéresse.
Le cœur vole au plaisir que l'instant a produit,
Et cherche à retenir le plaisir qui s'enfuit.
Ainsi l'ame jouit, soit qu'une fraîche aurore
Donne la vie aux fleurs qui s'empressent d'éclore,
Soit que l'astre du monde, en achevant son tour,
Jette languissamment les restes d'un beau jour.
Tel, quand des fiers combats Homère se repose,
Il aime à colorer l'Aurore aux doigts de rose :

Tel le brillant Lorrain de son pinceau touchant
Souvent dore un beau ciel des rayons du couchant.

 Étudiez aussi les moments de l'année :
L'année a son aurore ainsi que la journée.
Ah! malheureux qui perd un spectacle si beau!
Le jeune papillon, échappé du tombeau,
Qui sur les fruits naissants, qui sur les fleurs nouvelles,
S'envole frais, brillant, épanoui comme elles,
Jouit moins au sortir de sa triste prison
Que le sage au retour de la jeune saison,
Lorsque sur les coteaux, sur les monts, dans les plaines,
Tout est gazon, zephire, ou ruisseaux, ou fontaines.
Ah! les beaux jours vont donc me rendre les beaux vers!
Le chêne s'est éteint dans mes foyers déserts.
Adieu des paravents l'ennuyeuse clôture,
Adieu livres poudreux, adieu triste lecture!
Le grand livre des champs vient de s'ouvrir : je cours
Du ruisseau libre enfin reconnoître le cours,
Du premier rossignol entendre le ramage,
Voir le premier bouton, voir le premier feuillage,
Et renaître moi-même avec l'ombre et les fleurs.

 Si du printemps nouveau l'on chérit les faveurs,
Les beaux jours expirants ont aussi leurs délices :
Au printemps de l'année on bénit les prémices ;

Dans l'automne ces bois, ces soleils pâlissants
Intéressent notre ame en attristant nos sens :
Le printemps nous inspire une aimable folie;
L'automne, les douceurs de la mélancolie.
On revoit les beaux jours avec ce vif transport
Qu'inspire un tendre ami dont on pleuroit la mort;
Leur départ, quoique triste, à jouir nous invite:
Ce sont les doux adieux d'un ami qui nous quitte;
Chaque instant qu'il accorde on aime à le saisir,
Et le regret lui-même augmente le plaisir.

Majestueux été, pardonne à mon silence!
J'admire ton éclat, mais crains ta violence,
Et je n'aime à te voir qu'en de plus doux instants,
Avec l'air de l'automne, ou les traits du printemps.
Que dis-je? ah! si tes jours fatiguent la nature,
Que tes nuits ont de charme! et quelle fraîcheur pure
Vient remplacer des cieux le brûlant appareil!
Combien l'œil, fatigué des pompes du soleil,
Aime à voir de la nuit la modeste courière
Revêtir mollement de sa pâle lumière
Et le sein des vallons, et le front des coteaux;
Se glisser dans les bois, et trembler dans les eaux!

L'hiver, je l'avoûrai, je suis l'ami des villes:
Là des charmes ravis aux campagnes fertiles,

Grace au pinceau flatteur, aux sons harmonieux,
L'image frappe encor mon oreille et mes yeux;
Et j'aime à comparer, dans ce portrait fidèle,
Le peintre à la nature et l'image au modèle.
Si pourtant dans les champs l'hiver retient mes pas,
L'hiver a ses beautés. Que j'aime et des frimas
L'éclatante blancheur, et la glace brillante
En lustres azurés à la roche pendante !
Et quel plaisir encor, lorsqu'échappé dans l'air
Un rayon du printemps vient embellir l'hiver,
Et, tel qu'un doux souris qui naît parmi des larmes,
A la campagne en deuil rend un moment ses charmes !
Qu'on goûte avec transport cette faveur des cieux !
Quel beau jour peut valoir ce rayon précieux
Qui du moins un instant console la nature !
Et si mon œil rencontre un reste de verdure
Dans les champs dépouillés, combien j'aime à le voir !
Aux plus doux souvenirs il mêle un doux espoir,
Et je jouis, malgré la froidure cruelle,
Des beaux jours qu'il promet, des beaux jours qu'il rappelle.

Le ciel devient-il sombre? eh bien ! dans ce salon
Près d'un chêne brûlant j'insulte à l'aquilon;
Dans cette chaude enceinte, avec goût éclairée,
Mille heureux passe-temps abrègent la soirée.
J'entends ce jeu bruyant où, le cornet en main,

L'adroit joueur calcule un hasard incertain.
Chacun sur le damier fixe d'un œil avide
Les cases, les couleurs, et le plein et le vide;
Les disques noirs et blancs volent du blanc au noir;
Leur pile croît, décroît. Par la crainte et l'espoir
Battu, chassé, repris, de sa prison sonore
Le dé non sans fracas part, rentre, part encore;
Il court, roule, s'abat : le nombre a prononcé.
Plus loin, dans ses calculs gravement enfoncé,
Un couple sérieux qu'avec fureur possède
L'amour du jeu rêveur qu'inventa Palamède,
Sur des quarrés égaux, différents de couleur,
Combattant sans danger, mais non pas sans chaleur,
Par cent détours savants conduit à la victoire
Ses bataillons d'ébène et ses soldats d'ivoire :
Long-temps des camps rivaux le succès est égal;
Enfin l'heureux vainqueur donne l'échec fatal,
Se lève, et du vaincu proclame la défaite;
L'autre reste atterré dans sa douleur muette,
Et, du terrible mat à regret convaincu,
Regarde encor long-temps le coup qui l'a vaincu.
Ailleurs c'est le piquet des graves douairières;
Le lotto du grand-oncle, et le whist des grands-pères.
Là, sur un tapis vert, un essaim étourdi
Pousse contre l'ivoire un ivoire arrondi.
Mais trois coups de marteau font retentir la porte :

PREMIER CHANT.

C'est la poste du soir; le courier qui l'apporte,
Ainsi que son cheval, bien morfondu, bien las,
Revient glacé de givre et poudré de frimas,
Portant, sans le savoir, le destin de la terre,
Le sort de Pétersbourg, celui de l'Angleterre,
L'état des fonds publics, les nouvelles de cour,
Billets de mariage, et messages d'amour.
Tout cela, grace au ciel, foiblement l'intéresse;
Mais chaque curieux autour de lui s'empresse :
Qu'est-ce qui s'est passé dans ce pauvre univers,
Et quels travers nouveaux remplacent nos travers?
Va-t-on des trois pouvoirs établir l'équilibre?
Quel peuple est par nos rois menacé d'être libre?
Quel ami des François sous leurs coups est tombé?
Voyons, depuis deux jours, quel trône est renversé.
Chacun a son courier et chacun sa gazette.
L'un affecte en lisant une mine discrete,
L'autre rit aux éclats, l'autre cache des pleurs.
Ah! nous sommes vaincus! Non, nous sommes vainqueurs,
Dit l'autre. Où donc eut lieu cette affaire fameuse?
Eh! mais, c'est sur la Sambre. Eh! non, c'est sur la Meuse,
Dit l'autre au coin du feu. Vains discours, bruit perdu!
Car on saura demain qu'on ne s'est point battu.
Mais le souper s'annonce, et l'heure de la table
Rejoint les deux partis : un flacon délectable
Verse avec son nectar les aimables propos,

Et, comme son bouchon, fait partir les bons mots.
On se lève, on reprend sa lecture ordinaire,
On relit tout Racine, on choisit dans Voltaire.
Tantôt un bon roman charme le coin du feu;
Hélas! et quelquefois un bel-esprit du lieu
Tire un traître papier; il lit, l'ennui circule:
L'un admire en bâillant l'assommant opuscule,
Et d'un sommeil bien franc l'autre dormant tout haut,
Aux battements de mains se réveille en sursaut.
On rit; on se remet de la triste lecture;
On tourne un madrigal, on conte une aventure.
Le lendemain promet des plaisirs non moins doux,
Et la gaîté revient, exacte au rendez-vous.
Ainsi dans l'hiver même on connoît l'alégresse.
Ce n'est plus ce dieu sombre, amant de la tristesse;
C'est un riant vieillard qui, sous le faix des ans,
Connoît encor la joie, et plaît en cheveux blancs.

En tableaux variés les beaux jours plus fertiles
Ont des plaisirs plus vifs, des scènes moins tranquilles.
Eh! qui de ses loisirs peut mettre alors l'espoir
Dans ces tristes cartons peints de rouge et de noir?
L'homme veut des plaisirs; mais leurs pures délices
Ont besoin de santé, la santé d'exercices.
Laissez donc à l'hiver, laissez à la cité,
Tous ces jeux où la sombre et morne oisiveté,

Pour assoupir l'ennui réveillant l'avarice,
Se plaît dans un tourment et s'amuse d'un vice.
Loin ces tristes tapis! Les eaux et les forêts
De leurs jeux innocents vous offrent les attraits,
Et la guerre des bois, et les piéges des ondes.
Compagne des Sylvains, des Nymphes vagabondes,
Muse, viens, conduis-moi dans leurs sentiers déserts:
Le spectacle des champs dicta les premiers vers.

  Sous ces saules touffus dont le feuillage sombre
A la fraîcheur de l'eau joint la fraîcheur de l'ombre,
Le pêcheur patient prend son poste sans bruit,
Tient sa ligne tremblante, et sur l'onde la suit.
Penché, l'œil immobile, il observe avec joie
Le liége qui s'enfonce et le roseau qui ploie.
Quel imprudent, surpris au piége inattendu,
A l'hameçon fatal demeure suspendu?
Est-ce la truite agile, ou la carpe dorée,
Ou la perche étalant sa nageoire pourprée,
Ou l'anguille argentée errant en longs anneaux,
Ou le brochet glouton qui dépeuple les eaux²?

  Au peuple ailé des airs faut-il livrer la guerre?
Le chasseur prend son tube, image du tonnerre;
Il l'élève au niveau de l'œil qui le conduit;
Le coup part, l'éclair brille, et la foudre le suit.

Quels oiseaux va percer la grêle meurtrière?
C'est le vanneau plaintif errant sur la bruyère;
C'est toi, jeune alouette, habitante des airs!
Tu meurs en préludant à tes tendres concerts.

Mais pourquoi célébrer cette lâche victoire,
Ces triomphes sans fruits, et ces combats sans gloire?
O Muse, qui souvent d'une si douce voix
Imploras la pitié pour les chantres des bois,
Ah! dévoue à la mort l'animal dont la tête
Présente à notre bras une digne conquête,
L'ennemi des troupeaux, et celui des moissons.
Mais quoi! du cor bruyant j'entends déja les sons;
L'ardent coursier déjà sent tressaillir ses veines,
Bat du pied, mord le frein, sollicite les rênes.
A ces apprêts de guerre, au bruit des combattants,
Le cerf frémit, s'étonne, et balance long-temps.
Doit-il loin des chasseurs prendre son vol rapide?
Doit-il leur opposer son audace intrépide?
De son front menaçant ou de ses pieds légers
A qui se fiera-t-il dans ces pressants dangers?
Il flotte irrésolu : la peur enfin l'emporte;
Il part, il court, il vole : un moment le transporte
Bien loin de la forêt et des chiens et du cor.
Le coursier, libre enfin, s'élance et prend l'essor:
Sur lui l'ardent chasseur part comme la tempête,

Se penche sur ses crins, se suspend sur sa tête ;
Il perce les taillis, il rase les sillons,
Et la terre sous lui roule en noirs tourbillons.

Cependant le cerf vole, et les chiens sur sa voie
Suivent ces corps légers que le vent leur envoie ;
Par-tout où sont ses pas sur le sable imprimés,
Ils attachent sur eux leurs naseaux enflammés ;
Alors le cerf tremblant de son pied qui les guide
Maudit l'odeur traîtresse et l'empreinte perfide.
Poursuivi, fugitif, entouré d'ennemis,
Enfin dans son malheur il songe à ses amis.
Jadis de la forêt dominateur superbe,
S'il rencontre des cerfs errants en paix sur l'herbe,
Il vient au milieu d'eux, humiliant son front,
Leur confier sa vie et cacher son affront.
Mais hélas ! chacun fuit sa présence importune
Et la contagion de sa triste fortune :
Tel un flatteur délaisse un prince infortuné.
Banni par eux il fuit, il erre abandonné :
Il revoit ces grands bois, si chers à sa mémoire,
Où cent fois il goûta les plaisirs et la gloire,
Quand les monts, les rochers, les antres d'alentour,
Répondoient à ses cris et de guerre et d'amour,
Et qu'en sultan superbe à ses jeunes maîtresses
Sa noble volupté partageoit ses caresses.

3.

Honneur, empire, amour, tout est perdu pour lui.
C'est en vain qu'à ses maux prêtant un foible appui,
D'un cerf qu'il fait partir l'involontaire audace
Succède à ses dangers et s'élance à sa place :
Par les chiens vétérans le piége est éventé.
Du son lointain des cors bientôt épouvanté,
Il part, rase la terre; ou, vieilli dans la feinte,
De ses pas en sautant il interrompt l'empreinte;
Ou, tremblant et tapi loin des chemins frayés,
Veille et porte à l'entour ses regards effrayés,
Se relève, repart, croise et confond sa route.
Quelquefois il s'arrête; il regarde, il écoute;
Et des chiens, des chasseurs, de l'écho des forêts
Déjà l'affreux concert le frappe de plus près.
Il part encor, s'épuise encore en ruses vaines.
Mais déjà la terreur court dans toutes ses veines;
Chaque bruit est pour lui l'annonce de son sort,
Chaque arbre un ennemi, chaque ennemi la mort.
Alors, las de traîner sa course vagabonde,
De la terre infidèle il s'élance dans l'onde,
Et change d'élément sans changer de destin.
Avide, et réclamant son barbare festin,
Bientôt vole après lui, d'écume dégoûtante,
Brûlante de fureur, et de soif haletante,
La meute aux cris aigus, aux yeux étincelants.
L'onde à peine suffit à leurs gosiers brûlants :

Mais à leur fier instinct d'autres besoins commandent,
C'est de sang qu'ils ont soif, c'est du sang qu'ils demandent.
Alors désespéré, sans amis, sans secours,
A la fureur enfin sa foiblesse a recours.
Hélas! pourquoi faut-il qu'en ruses impuissantes
La frayeur ait usé ses forces languissantes?
Et que n'a-t-il plutôt, écoutant sa valeur,
Par un noble combat illustré son malheur?
Mais enfin, las de perdre une inutile adresse,
Superbe il se ranime, il s'avance, il se dresse,
Soutient seul mille assauts; son généreux courroux
Réserve aux plus vaillants ses plus terribles coups.
Sur lui seul à la fois tous ses ennemis fondent;
Leurs morsures, leurs cris, leur rage se confondent.
Il lutte, il frappe encore: efforts infructueux!
Hélas! que lui servit son port majestueux,
Et sa taille élégante, et ses rameaux superbes,
Et ses pieds suspendus sur la pointe des herbes?
Il chancelle, il succombe, et deux ruisseaux de pleurs
De ses assassins même attendrissent les cœurs [3].

Permettez-vous ces jeux sans en être idolâtre:
N'imitez point ce fou, chasseur opiniâtre,
Qui ne parle jamais que meute, que chevaux;
Qui croiroit avilir l'honneur de ses châteaux
Si de cinquante cerfs les cornes menaçantes

N'ornoient pompeusement ses portes triomphantes;
Vous conte longuement sa chasse, ses exploits,
Et met comme le cerf l'auditeur aux abois.

Êtes-vous de retour sous vos lambris tranquilles?
Là des jeux moins bruyants, des plaisirs plus utiles
Vous attendent encore. Aux délices des champs
Associez les arts et leurs plaisirs touchants.
Beaux arts! eh! dans quel lieu n'avez-vous droit de plaire?
Est-il à votre joie une joie étrangère?
Non; le sage vous doit ses moments les plus doux:
Il s'endort dans vos bras; il s'éveille pour vous.
Que dis-je? autour de lui tandis que tout sommeille,
La lampe inspiratrice éclaire encor sa veille.
Vous consolez ses maux, vous parez son bonheur.
Vous êtes ses trésors, vous êtes son honneur,
L'amour de ses beaux ans, l'espoir de son vieil âge,
Ses compagnons des champs, ses amis de voyage;
Et de paix, de vertus, d'études entouré,
L'exil même avec vous est un abri sacré.
Tel l'orateur romain, dans les bois de Tuscule,
Oublioit Rome ingrate; ou tel, son digne émule,
Dans Frênes d'Aguesseau goûtoit tranquillement
D'un repos occupé le doux recueillement:
Tels de leur noble exil tous deux charmoient les peines.
Malheur aux esprits durs, malheur aux ames vaines
Qui dédaignent les arts au temps de leur faveur!

Les beaux arts à leur tour, dans les temps du malheur,
Les livrent sans ressource à leur vile infortune :
Mais avec leurs amis ils font prison commune,
Les suivent dans les champs, et, payant leur amour,
Amusent leur exil et chantent leur retour¹.

Mais c'est peu des beaux lieux, des beaux jours, de l'étude ;
Je veux que l'amitié, peuplant ma solitude,
Me donne ses plaisirs et partage les miens.
O jours de ma jeunesse ! hélas ! je m'en souviens ;
Épris de la campagne, et l'aimant en poëte,
Je ne lui demandois qu'un désert pour retraite,
Pour compagnons, des bois, des oiseaux, et des fleurs.
Je l'aimois, je l'aimois jusque dans ses horreurs ;
Je me plaisois à voir, battus par les tempêtes,
Les sapins abaisser et redresser leurs têtes ;
J'allois sur les frimas graver mes pas errants,
Et de loin j'écoutois la course des torrents.
Mais tout passe ; aujourd'hui qu'un sang moins vif m'enflamme,
Que les besoins des sens font place à ceux de l'ame,
S'il est long-temps désert le plus aimable lieu
Ne me plaît pas long-temps : les arbres parlent peu,
Dit le bon La Fontaine ; et ce qu'un bois m'inspire
Je veux à mes côtés trouver à qui le dire.

Ainsi fermant la porte au sot qui de Paris
Vient troubler votre joie et tuer vos perdrix,

De ceux qu'unit à vous une amitié sincère,
Préparez, décorez la chambre hospitalière.
Ce sont de vieux voisins, des proches, des enfants,
Qui visitent des lieux chers à leurs premiers ans :
C'est un père adoré qui vient dans sa vieillesse
Reconnoître les bois qu'a plantés sa jeunesse ;
La ferme à son aspect semble se réjouir,
Les bosquets s'égayer, les fleurs s'épanouir.
Tantôt c'est votre ami, votre ami de l'enfance,
Qui de vos simples goûts partage l'innocence.
Chacun retrouve là ses passe-temps chéris,
Son meuble accoutumé, ses livres favoris[5].
Tantôt Robert arrive, et ses riches images
Doublent en les peignant vos plus beaux paysages ;
Et tantôt son pinceau, dans de plus doux portraits,
De ceux que vous aimez vous reproduit les traits.
Ainsi, plein des objets que votre cœur adore,
De vos amis absents vous jouissez encore.

    Ces lieux chers aux vivants sont aussi chers aux morts.
Qui vous empêchera de placer sur ces bords,
Près d'un ruisseau plaintif, sous un saule qui pleure,
D'un ami regretté la dernière demeure ?
Est-il un lieu plus propre à ce doux monument,
Où des mânes chéris dorment plus mollement ?
Du bon Helvétien qui ne connoît l'usage ?

PREMIER CHANT.

Près d'une eau murmurante, au fond d'un vert bocage,
Il place les tombeaux; il les couvre de fleurs:
Par leur douce culture il charme ses douleurs,
Et pense respirer, quand sa main les arrose,
L'ame de son ami dans l'odeur d'une rose[6].

Ne pouvez-vous encore y consacrer les traits
De ceux par qui fleurit l'art fécond de Cérès?
Pouvez-vous à Berghem refuser un asile,
Un marbre à Théocrite, un bosquet à Virgile?
Hélas! je n'ai point droit d'avoir place auprès d'eux;
Mais si de l'art des vers quelque ami généreux
Daigne un jour m'accorder de modestes hommages,
Ah! qu'il ne place pas le chantre des bocages
Dans le fracas des cours ou le bruit des cités.
Vallons que j'ai chéris, coteaux que j'ai chantés,
Souffrez que parmi vous ce monument repose;
Qu'un peuplier le couvre et qu'un ruisseau l'arrose!
Mes vœux sont exaucés : du sein de leur repos
Un essaim glorieux de belles, de héros,
Qui, successeurs polis des Sarmates sauvages,
De l'antique Vistule honorent les rivages,
Auprès de Saint-Lambert, de Pope, de Thompson,
Offre dans ses jardins une place à mon nom.
Que dis-je? tant d'honneur n'est pas fait pour ma Muse;
La gloire de ces noms du mien seroit confuse.

Mais si, dans un bosquet obscur et retiré,
Il est un coin désert, un réduit ignoré,
Au-dessous de Gessner, et bien loin de Virgile,
Hôtes de ces beaux lieux, gardez-moi cet asile.
Content, je vous verrai, dans vos riants vallons,
De l'art que je chantai pratiquer les leçons,
Enrichir vos hameaux, parer leur solitude,
Des partis turbulents calmer l'inquiétude.
Heureux si quelquefois, sous vos ombrages verts,
L'écho redit mon nom, mon hommage, et mes vers?!

Mais, ne l'oubliez pas, à la ville, au village,
Le bonheur le plus doux est celui qu'on partage.
Heureux ou malheureux, l'homme a besoin d'autrui;
Il ne vit qu'à moitié s'il ne vit que pour lui.
Vous donc à qui des champs la joie est étrangère,
Ah! faites-y le bien, et les champs vont vous plaire.
Le bonheur dans les champs a besoin de bonté.
Tout se perd dans le bruit d'une vaste cité;
Mais au sein des hameaux, le château, la chaumière,
Et l'oisive opulence et l'active misère,
Nous offrent de plus près leur contraste affligeant,
Et contre l'homme heureux soulèvent l'indigent.
Alors vient la bonté qui désarme l'envie,
Rend ses droits au malheur, l'équilibre à la vie,
Corrige les saisons, laisse à l'infortuné

PREMIER CHANT.

Quelques épis du champ par ses mains sillonné,
Comble enfin par ses dons cet utile intervalle
Que met entre les rangs la fortune inégale.

Eh! dans quels lieux le ciel, mieux qu'au séjour des champs,
Nous instruit-il d'exemple aux généreux penchants?
De bienfaits mutuels voyez vivre le monde.
Ce champ nourrit le bœuf, et le bœuf le féconde;
L'arbre suce la terre, et ses rameaux flétris
A leur sol maternel vont mêler leurs débris;
Les monts rendent leurs eaux à la terre arrosée;
L'onde rafraîchit l'air, l'air s'épanche en rosée :
Tout donne et tout reçoit, tout jouit et tout sert.
Les cœurs durs troublent seuls ce sublime concert.

L'un, si du dé fatal la chance fut perfide,
Parcourt tout son domaine en exacteur avide;
Sans sécher une larme épuisant son trésor,
L'autre, comme d'un poids, se défait de son or.
Quoi! ton or t'importune? ô richesse impudente!
Pourquoi donc près de toi cette veuve indigente,
Ces enfants dans leur fleur desséchés par la faim,
Et ces filles sans dot, et ces vieillards sans pain?

Oh! d'un simple hameau si le ciel m'eût fait maître,
Je saurois en jouir : heureux, digne de l'être,

Je voudrois m'entourer de fleurs, de riches plants,
De beaux fruits, et sur-tout de visages riants;
Et ne souffrirois pas qu'attristant ma fortune
La faim vînt m'étaler sa pâleur importune.
Mais je hais l'homme oisif: la bêche, les rateaux,
Le soc, tout l'arsenal des rustiques travaux,
Attendroit l'indigent sûr d'un juste salaire,
Et chez moi le travail banniroit la misère.

Enfin des maux cruels affligent-ils ses jours?
Au vieil âge, aux douleurs, nous devons des secours.
Dans les appartements du logis le moins vaste
Qu'il en soit un où l'art, avec ordre et sans faste,
Arrange le dépôt des remèdes divers
A ses infirmités incessamment offerts.
L'oisif, de qui l'ennui vient vous rendre visite,
Loûra plus volontiers de sa voix parasite
Vos glaces, vos tapis, votre salon doré;
Mais pour tous les bons cœurs ce lieu sera sacré.
Souvent à vos bienfaits joignez votre présence;
Votre aspect consolant doublera leur puissance.
Menez-y vos enfants; qu'ils viennent sans témoin
Offrir leur don timide au timide besoin;
Que sur-tout votre fille, amenant sur vos traces
La touchante pudeur, la première des graces,
Comme un ange apparoisse à l'humble pauvreté,

Et fasse en rougissant l'essai de la bonté.
Ainsi comme vos traits leurs mœurs sont votre image;
Votre exemple est leur dot, leurs vertus votre ouvrage.
Cœurs durs, qui payez cher de fastueux dégoûts,
Ah! voyez ces plaisirs, et soyez-en jaloux.

L'homme le plus obscur quelquefois sous le chaume
Gouverne en son idée une ville, un royaume.
Moi, jamais, dans l'erreur de mes illusions,
Je n'aspire à régler le sort des nations:
Me formant du bonheur une plus humble image,
Quelquefois je m'amuse à régler un village;
Je m'établis le chef de ces petits états.
Mais à mes propres soins je ne me borne pas;
Au bon gouvernement de ce modeste empire
Je veux que du hameau chaque pouvoir conspire.
O vous pour qui j'écris le code des hameaux,
Souffrez que mes leçons se changent en tableaux.

Voyez-vous ce modeste et pieux presbytère?
Là vit l'homme de Dieu, dont le saint ministère
Du peuple réuni présente au ciel les vœux,
Ouvre sur le hameau tous les trésors des cieux,
Soulage le malheur, consacre l'hyménée,
Bénit et les moissons et les fruits de l'année,
Enseigne la vertu, reçoit l'homme au berceau,

Le conduit dans la vie, et le suit au tombeau.
Je ne choisirai point pour cet emploi sublime
Cet avide intrigant que l'intérêt anime;
Sévère pour autrui, pour lui-même indulgent;
Qui pour un vil profit quitte un temple indigent,
Dégrade par son ton la chaire pastorale,
Et sur l'esprit du jour compose sa morale.
Fidèle à son église, et cher à son troupeau,
Le vrai pasteur ressemble à cet antique ormeau
Qui, des jeux du village ancien dépositaire,
Leur a prêté cent ans son ombre héréditaire,
Et dont les verts rameaux, de l'âge triomphants,
Ont vu mourir le père et naître les enfants.
Par ses sages conseils, sa bonté, sa prudence,
Il est pour le village une autre providence.
Quelle obscure indigence échappe à ses bienfaits?
Dieu seul n'ignore pas les heureux qu'il a faits.
Souvent dans ces réduits où le malheur assemble
Le besoin, la douleur, et le trépas ensemble,
Il paroît; et soudain le mal perd son horreur,
Le besoin sa détresse, et la mort sa terreur.
Qui prévient le besoin prévient souvent le crime.
Le pauvre le bénit, et le riche l'estime;
Et souvent deux mortels, l'un de l'autre ennemis,
S'embrassent à sa table et retournent amis.

PREMIER CHANT.

Honorez ses travaux. Que son logis antique,
Par vous rendu décent et non pas magnifique,
Au dedans des vertus renfermant les trésors,
D'un air de propreté s'embellisse au dehors :
La pauvreté dégrade, et le faste révolte.
Partagez avec lui votre riche récolte ;
Ornez son sanctuaire et parez son autel.
Liguez-vous saintement pour le bien mutuel :
Et quel spectacle, ô Dieu ! vaut celui d'un village
Qu'édifie un pasteur et que console un sage ?
Non, Rome subjuguant l'univers abattu
Ne vaut pas un hameau qu'habite la vertu,
Où les bienfaits de l'un, de l'autre les prières,
Sont les trésors du pauvre et l'espoir des chaumières.

Il est dans le village une autre autorité :
C'est des enfants craintifs le maître redouté.
Muse, baisse le ton, et, sans être grotesque,
Peins des fils du hameau le mentor pédantesque.
Bientôt j'enseignerai comment un soin prudent
Peut de ce grave emploi seconder l'ascendant.

Mais le voici : son port, son air de suffisance,
Marquent dans son savoir sa noble confiance.
Il sait, le fait est sûr, lire, écrire, et compter ;

Sait instruire à l'école, au lutrin sait chanter;
Connoît les lunaisons, prophétise l'orage,
Et même du latin eut jadis quelque usage.
Dans les doctes débats ferme et rempli de cœur,
Même après sa défaite il tient tête au vainqueur.
Voyez, pour gagner temps, quelles lenteurs savantes
Prolongent de ses mots les syllabes traînantes!
Tout le monde l'admire, et ne peut concevoir
Que dans un cerveau seul loge tant de savoir.
Du reste inexorable aux moindres négligences,
Tant il a pris à cœur le progrès des sciences.
Paroît-il? sur son front ténébreux ou serein
Le peuple des enfants croit lire son destin.
Il veut, on se sépare; il fait signe, on s'assemble;
Il s'égaie, et l'on rit; il se ride, et tout tremble.
Il caresse, il menace, il punit, il absout.
Même absent, on le craint; il voit, il entend tout:
Un invisible oiseau lui dit tout à l'oreille;
Il sait celui qui rit, qui cause, qui sommeille,
Qui néglige sa tâche, et quel doigt polisson
D'une adroite boulette a visé son menton.
Non loin croît le bouleau dont la verge pliante
Est sourde aux cris plaintifs de leur voix suppliante,
Qui, dès qu'un vent léger agite ses rameaux,
Fait frissonner d'effroi cet essaim de marmots,
Plus pâles, plus tremblants encor que son feuillage.

Tel, ô doux Chanonat, sur ton charmant rivage,
J'ai vu, j'ai reconnu, j'ai touché de mes mains
Cet arbre dont s'armoient mes pédants inhumains,
Ce saule, mon effroi, mon bienfaiteur peut-être.

Des enfants du hameau tel est le grave maître[5].
En secondant ses soins rendez-le plus soigneux.
Rien n'est vil pour le sage; un sot est dédaigneux.
Il faut dans les emplois, quoi que l'orgueil en pense,
Aux grands la modestie, aux petits l'importance.
Encouragez-le donc; songez que dans ses mains
De ce peuple naissant reposent les destins;
Et, rendant à ses yeux son office honorable,
Laissez-le s'estimer pour qu'il soit estimable.

Eh! quel tableau des mœurs ne vous offrira pas
Tout ce peuple d'enfants sujets de ses états!
C'est là que l'homme est lui, que nul art ne déguise
De ses premiers penchants la naïve franchise.
L'un, docile et traitable après le châtiment,
Laisse appaiser d'un mot son court ressentiment;
Il essuie en riant une dernière larme;
Un affront l'irritoit, un souris le désarme :
L'autre, ferme, inflexible, affecte un froid dédain,
Et garde obstinément un silence mutin.
Tel, décelant déjà son ame magnanime,

Jadis Caton enfant fut un boudeur sublime[9].

Mais l'heure des jeux sonne : observez-les encor
Dans ces jeux où l'instinct prend son premier essor.
L'un, apprenti Rubens, charbonne la muraille;
L'autre, Chevert futur, met sa troupe en bataille;
L'autre, Euclyde nouveau, confie au sol mouvant
Ses cercles, ses quarrés, dont s'amuse le vent;
L'autre de ses châteaux fait, défait l'assemblage;
L'autre est l'historien, le conteur du village :
Là peut-être un rival des Regniers, des Boileaus,
Fouette un buis tournant, qui châtieroit les sots.
Peut-être un successeur des Molés, des Prévilles,
Peint les travers des champs, qui peindroit ceux des villes;
Aujourd'hui, sans songer à son dessein futur,
Son cœur est satisfait si, lancé d'un bras sûr,
Le caillou sur les eaux court, tombe et se relève,
Ou si par un bon vent son cerf-volant s'enlève.

Dès qu'un heureux hasard vient l'offrir à vos yeux,
Hâtez-vous, saisissez ce germe précieux.
Tels ces jeunes œillets n'attendent pour éclore
Qu'un des rayons du jour, qu'un des pleurs de l'Aurore.
Tel d'un lis s'élevant dans le fond des déserts
Les parfums négligés se perdent dans les airs.
Cultivés, protégés par vos secours propices,

PREMIER CHANT.

Ces jeunes sauvageons croîtront sous vos auspices;
Hâtés par vos bienfaits, leurs fruits seront plus doux,
Et leur succès flatteur rejaillira sur vous.

Des préjugés aussi préservez le jeune âge.
Naguère des *esprits* hantoient chaque village;
Chaque bourg en tremblant consultoit son devin;
Tout château renfermoit son spectre, son lutin,
Et dans de longs récits la vieillesse conteuse
En troubloit le repos de l'enfance peureuse;
Sur-tout, lorsqu'aux lueurs d'un nocturne flambeau
L'heure de la veillée assembloit le hameau,
Toujours de revenants quelque effrayante histoire
Resserroit de frayeur le crédule auditoire.
Loin d'eux ces fictions qui sèment la terreur,
Filles des préjugés et mères de l'erreur!
Ah! contons-leur plutôt la bonne moissonneuse
Soigneuse d'oublier l'épi de la glaneuse;
Le bon fils, le bon père, et l'invisible main
Qui punit l'homicide et nourrit l'orphelin.

Ainsi vous assurez, bienfaiteur du village,
Des secours au vieillard, des leçons au jeune âge.
Ce n'est pas tout encor : que d'heureux passe-temps
De leurs jours désœuvrés amusent les instants!
Hélas! qui l'eût pu croire? une bonté barbare

De ces jours consolants est devenue avare.
Ce temps, leur dites-vous, de stériles loisirs,
Ce temps est au travail volé par les plaisirs.
Ainsi votre bonté du repos les dispense,
Et l'excès du travail en est la récompense!
Hélas! au laboureur, à l'utile ouvrier,
Dans les jours solennels pouvons-nous envier
Le vin et les chansons, le fifre et la musette;
A leur fille l'honneur de sa simple toilette?
Non; laissons-leur du moins, pour prix de leur labeur,
Une part à la vie, une part au bonheur.

Vous-même secondez leur naïve allégresse.
Déjà je crois en voir la scène enchanteresse.
Pour peindre leurs plaisirs et leurs groupes divers
Donnez, ah! donnez-moi le pinceau de Téniers.

Là des vieillards buvant content avec délices,
L'un ses jeunes amours, l'autre ses vieux services,
Et son grade à la guerre, et dans quel grand combat
Lui seul avec de Saxe il a sauvé l'état :
Près d'eux, non sans frayeur dans les airs suspendue,
Églé monte et descend sur la corde tendue;
Zéphyr vient se jouer dans ses flottants habits,
Et la pudeur craintive en arrange les plis.
Ailleurs s'ouvre un long cirque où des boules rivales

PREMIER CHANT.

Poursuivent vers le but leurs courses inégales,
Et, leur fil à la main, des experts à genoux
Mesurent la distance et décident des coups.
Ici, sans employer l'élastique raquette,
La main jette la balle et la main la rejette.
Là d'agiles rivaux sentent battre leur cœur ;
Tout part, un cri lointain a nommé le vainqueur.
Plus loin un buis roulant de la main qui le guide
S'échappe, atteint, parcourt dans son cercle rapide
Ces cônes alignés qu'il renverse en son cours,
Et qui, toujours tombant, se redressent toujours ;
Quelquefois, de leurs rangs parcourant l'intervalle,
Il hésite, il prélude à leur chûte fatale ;
Il les menace tous, aucun n'a succombé ;
Enfin il se décide, et le neuf est tombé.
Et vous, archers adroits, prenez le trait rapide ;
Un pigeon est le but. L'un de l'oiseau timide
Effleure le plumage, un autre rompt ses nœuds ;
L'autre le suit de l'œil, et l'atteint dans les cieux :
L'oiseau tourne dans l'air sur son aile sanglante,
Et rapporte en tombant la flèche triomphante.
Mais c'est auprès du temple, autour du grand ormeau,
Que s'assemble la fleur et l'amour du hameau.
L'archet rustique part, chacun choisit sa belle ;
On s'enlace, on s'enlève, on retombe avec elle.
Plus d'un cœur bat, pressé d'une furtive main,

Et le folâtre amour prélude au sage hymen.
Par-tout rit le bonheur, par-tout brille la joie;
L'adresse s'entretient, la vigueur se déploie :
Leurs jeux sont innocents, leur plaisir acheté,
Et même le repos bannit l'oisiveté.

Vous, charmé de ces jeux, riche de leur aisance,
Vous goûtez le bonheur qui suit la bienfaisance;
Heureux, vous unissez dans votre heureux hameau
Le riche à l'indigent, la cabane au château;
Vous créez des plaisirs, vous soulagez des peines,
Du lien social vous resserrez les chaînes;
Et, satisfait de tout et ne regrettant rien,
Vous dites comme Dieu : Ce que j'ai fait est bien.

FIN DU PREMIER CHANT

.................Le vaillant fils d'Alcmène
De ses bras vigoureux le saisit et l'enchaîne.

Chant II

L'HOMME
DES CHAMPS.

SECOND CHANT.

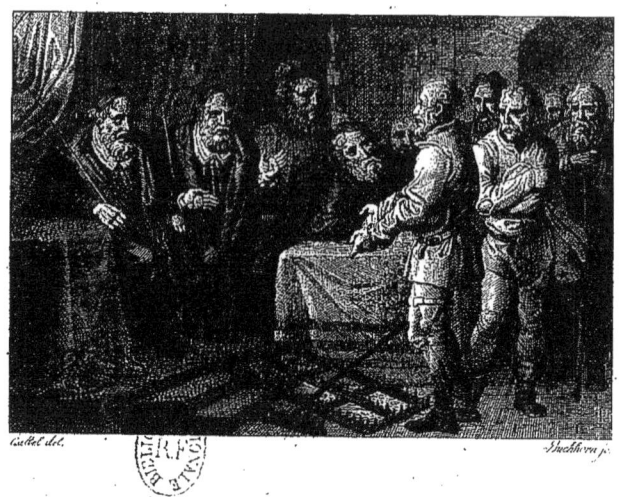

ARGUMENT.

L'Agriculteur; l'art de cultiver la campagne. Virgile à Mantoue (*sujet du frontispice*).

1° Bienfaits de la culture, importante dans le règne végétal; perfectionnement du sol, des engrais, des espèces même, défrichement; acclimatement de plantes étrangères. Épisode du cultivateur accusé de sortilège (*sujet de la première vignette*). 2° Mêmes succès dans le règne animal. 3° Bonheur attaché à ces soins. Le bonheur est le prix du travail et de l'industrie qui ont fertilisé Malte, qui créent les canaux, redressent les rivières, arrachent les métaux de la terre, multiplient les prodiges dans les fabriques. Canal du Languedoc. La fable d'Achéloüs (*sujet de la gravure de ce chant*) est l'emblème ingénieux des triomphes variés du travail. Exemples mémorables de l'industrie. Épisode d'Égérie (*sujet de la seconde vignette*).

SECOND CHANT.

Heureux qui dans le sein de ses dieux domestiques
Se dérobe au fracas des tempêtes publiques,
Et, dans de frais abris trompant tous les regards,
Cultive ses jardins, les vertus et les arts!
Tel, quand des triumvirs la main ensanglantée
Disputoit les lambeaux de Rome épouvantée,
Virgile, des partis laissant rouler les flots,
Du nom d'Amaryllis enchantoit les échos.
Nul mortel n'eût osé, troublant de si doux charmes,
Entourer son réduit du tumulte des armes;
Et lorsque Rome enfin, lasse de tant d'horreurs,
Sous un règne plus calme oublioit ses fureurs,

S'il vint redemander au maître de la terre
Le champ de ses aïeux que lui ravit la guerre,
Bientôt on le revit, loin du bruit des palais,
Favori du dieu Pan, courtisan de Palès,
Fouler, près du beau lac où le cygne se joue,
Les prés délicieux de sa chère Mantoue';
Là, tranquille au milieu des vergers, des troupeaux,
Sa bouche harmonieuse erroit sur ses pipeaux,
Et, ranimant le goût des richesses rustiques,
Chantoit aux fiers Romains ses douces Géorgiques.
Comme lui je n'eus point un champ de mes aïeux,
Et le peu que j'avois je l'abandonne aux dieux;
Mais comme lui, fuyant les discordes civiles,
J'échappe dans les bois au tumulte des villes,
Et, content de former quelques rustiques sons,
A nos cultivateurs je dicte des leçons.
Vous donc qui prétendiez, profanant ma retraite,
En intrigant d'état transformer un poëte,
Épargnez à ma muse un regard indiscret;
De son heureux loisir respectez le secret.
Auguste triomphant pour Virgile fut juste :
J'imitai le poëte ; imitez donc Auguste,
Et laissez-moi, sans nom, sans fortune, et sans fers,
Rêver au bruit des eaux, de la lyre et des vers.

Quand des agriculteurs j'enseigne l'art utile,

SECOND CHANT.

Je ne viens plus, marchant sur les pas de Virgile,
Répéter aux François les leçons des Romains :
Sans guide m'élançant par de nouveaux chemins,
Je vais orner de fleurs le soc de Triptolème,
Et sur mon propre luth chanter un art que j'aime.

Je ne prends pas non plus pour sujets de mes chants
Les vulgaires moyens qui fécondent les champs :
Je ne vous dirai point dans quel lieu, sous quel signe
Il faut planter le cep et marier la vigne ;
Quel sol veut l'olivier, dans quels heureux terrains
Réussissent les fruits et prospèrent les grains.
La culture offre ici de plus brillants spectacles :
Au lieu de ses travaux je chante ses miracles,
Ses plus nobles efforts, ses plus rares bienfaits.
Féconde en grands moyens, fertile en grands effets,
Ce n'est plus cette simple et rustique déesse
Qui suit ses vieilles lois ; c'est une enchanteresse
Qui, la baguette en main, par de hardis travaux
Fait naître des aspects et des trésors nouveaux,
Compose un sol plus riche et des races plus belles,
Fertilise les monts, dompte les rocs rebelles,
Dirige dans leur cours les flots emprisonnés,
Fait commercer entre eux les fleuves étonnés,
Triomphe des climats, et sous ses mains fécondes
Confond les lieux, les temps, les saisons et les mondes.

Quand l'homme cultiva pour la première fois,
De ce premier des arts il ignoroit les lois;
Sans distinguer le sol et les monts et les plaines,
Son imprudente main leur confia ses graines :
Mais bientôt, plus instruit, il connut les terrains;
Chaque arbre eut sa patrie, et chaque sol ses grains.
Vous, faites plus encore; osez par la culture
Corriger le terroir et domter la nature.
Rival de Duhamel, surprenez ses secrets;
Connoissez, employez l'art fécond des engrais :
Pour fournir à vos champs l'aliment qu'ils demandent,
La castine, la chaux, la marne vous attendent;
Que la cendre tantôt, tantôt les vils débris
Des grains dont sous leurs toits vos pigeons sont nourris,
Tantôt de vos troupeaux la litière féconde,
Changent en sucs heureux un aliment immonde :
Ici, pour réparer la maigreur de vos champs,
Mêlez la grasse argile à leurs sables tranchants :
Ailleurs, pour diviser les terres limoneuses,
Mariez à leur sol les terres sablonneuses.
Vous, dont le fol espoir couvant un vain trésor,
D'un stérile travail croit voir sortir de l'or,
D'un chimérique bien laissez là l'imposture :
L'or naît dans les sillons qu'enrichit la culture;
La terre est le creuset qui mûrit vos travaux,
Et le soleil lui-même échauffe vos fourneaux.
Les voilà les vrais biens et la vraie alchimie.

SECOND CHANT.

Jadis, heureux vainqueur d'une terre ennemie,
Un vieillard avoit su de ses champs plus féconds
Vaincre l'ingratitude et doubler les moissons :
Il avoit, devinant l'art heureux d'Angleterre,
Pêtri, décomposé, recomposé la terre,
Créé des prés nouveaux ; et les riches sainfoins[2],
Et l'herbe à triple feuille avoient payé ses soins ;
Ici des jeunes fleurs il doubloit la couronne,
Là de fruits inconnus enrichissoit l'automne :
Nul repos pour ses champs, et la variété
Seule les délassoit de leur fécondité.
Enviant à ses soins un si beau privilége,
Un voisin accusa son art de sortilége.
Cité devant le juge, il étale à ses yeux
Sa herse, ses rateaux, ses bras laborieux,
Raconte par quels soins son adresse féconde
A su changer la terre, a su diriger l'onde :
Voilà mon sortilége et mes enchantements,
Leur dit-il. Tout éclate en applaudissements :
On l'absout ; et son art, doux charme de sa vie,
Comme d'un sol ingrat, triompha de l'envie[3].

Imitez son secret : que votre art souverain
Ose changer, domter ou créer le terrain.
Augmentez, propagez les richesses rustiques,
Et joignez votre exemple aux usages antiques.
Pourtant des nouveautés amant présomptueux,

N'allez pas vous bercer d'essais infructueux;
Gardez-vous d'imiter ces docteurs téméraires,
Hardis blasphémateurs des travaux de leurs pères;
Laissez là ces projets recueillis par Rozier [4],
Beaux dans le cabinet, féconds sur le papier,
Des semeurs citadins l'élégante méthode,
Leurs modernes semoirs, leur charrue à la mode,
Leur ferme en miniature, enfin tous les secrets
Qu'admire le *Mercure* et que maudit Cérès :
De vos sages aïeux respectant les pratiques,
Laissez à ces docteurs leurs tretaux dogmatiques.

Cependant n'allez pas, trop superstitieux,
Suivre servilement les pas de vos aïeux :
Créant à l'art des champs de nouvelles ressources,
Tentez d'autres chemins, ouvrez-vous d'autres sources.
Ne vous rebutez pas; eh! quels brillants succès
Ne vous ont pas payés de vos premiers essais!
Dans nos champs étonnés que de métamorphoses!
Sur un simple buisson jadis naissoient les roses,
Et le pommier dans l'air déployoit ses rameaux :
Le rosier maintenant, ô prodiges nouveaux!
Élève vers les cieux sa tête enorgueillie,
Et sur des arbres nains la pomme est recueillie.
Que de fleurs parmi nous, fières de leurs rayons,
Ont accru leurs honneurs et doublé leurs festons!

Osez plus : appelez les familles lointaines,
Et mariez leur race aux races indigènes.
Pourtant n'imitez pas cet amateur fougueux
Qui hait tous nos trésors ; l'arbre le plus pompeux
Lui déplaît s'il n'est pas nourrisson de l'Afrique,
Ou naturel de l'Inde, ou colon d'Amérique.
Ainsi quand de Paris les inconstants dégoûts
De Londres, sa rivale, adoptèrent les goûts,
La scène, les salons, et la cour et la ville,
Tout paya son tribut à cette humeur servile.
Devenus d'inventeurs copistes mal-adroits,
Nos arts dépaysés méconnurent leurs droits ;
Sous de pesants jokeys nos chevaux haletèrent,
Nos clubs de politique et de punch s'enivrèrent,
Versailles s'occupa de popularité ;
Chacun eut ses wiskys, ses vapeurs et son thé.
Moi-même, comparant le parc anglois au nôtre,
J'hésitai, je l'avoue, entre Kent et le Nôtre ;
Mais je permis l'usage et proscrivis l'excès.
Sensible à la beauté de nos arbres françois,
Le bon cultivateur, malgré leurs vieilles formes,
N'exclut point nos tilleuls, nos chênes et nos ormes ;
Il fuit des nouveautés les goûts extravagants :
Mais si par un beau tronc, des rameaux élégants,
L'arbre d'un sol lointain offre un hôte agréable,
Les nôtres font accueil à l'étranger aimable,

Plutôt pour ses appas que pour sa rareté
Ils lui font les honneurs de l'hospitalité;
Et si l'utilité vient se joindre à la grace,
Aux droits de citoyen ils admettent sa race.
Tel des Alpes nous vint le cythise riant[5];
Ainsi pleure incliné le saule d'Orient[6],
Consacré par l'amour à la mélancolie;
Le peuplier reçut ses frères d'Italie[7];
Et pour nous, fatigué d'obéir au turban,
Le cèdre impérial descendit du Liban[8].

Sachez aussi comment de leurs terres natales
S'éloignent sans péril les races végétales;
Préparez leur exil : vers un ciel étranger
Un passage trop brusque est souvent un danger;
Faites-leur par degrés oublier leur patrie.
De ces ménagements tu connus l'industrie,
Ingénieux Nollin, qui d'arbres de ton choix
Si souvent enrichis les jardins de nos rois :
Du tropique brûlant sur ses roches poudreuses
Malte accueilloit d'abord ces plantes voyageuses;
D'Hières à leur tour les champs moins embrasés
Présentoient un asile aux plants dépaysés;
Lyon les attendoit, et son climat propice
A la plante adoptive offroit un doux auspice;
Et dans Paris enfin l'arbuste acclimaté
Prêtoit à nos jardins son ombrage emprunté.

SECOND CHANT.

Ainsi de lieux en lieux et de races en races
De son sol primitif l'arbre perdoit les traces,
Changeoit son naturel, et pour de nouveaux cieux
Quittoit sans s'appauvrir les champs de ses aïeux;
Tant les ans et les soins, et l'adroite culture,
Subjuguent l'habitude et domtent la nature!
Imitez ce grand art, et des plants délicats
Nuancez le passage à de nouveaux climats.

Vous dirai-je, à l'aspect de ces riches peuplades,
Quel charme embellira vos douces promenades?
Par elles votre esprit parcourt tous les climats:
Ces pins aux verts rameaux, amoureux des frimas,
Nourrissons de l'Écosse ou de la Virginie [9],
Et des deux continents heureuse colonie,
En vous offrant les plants des deux mondes divers,
Vous portent aux deux bouts de l'immense univers.
Le thuya vous ramène aux plaines de la Chine [10]:
L'arbre heureux de Judée à la fleur purpurine [11]
Se montre-t-il à vous? vous vous peignez soudain
Les bords religieux qu'arrose le Jourdain.
Vous parcourez des champs policés ou sauvages;
Vos plants sont des pays, vos pensers des voyages,
Et vous changez cent fois de climats et de lieux.

Soit donc que par les soins d'un art industrieux
Il donne à son pays des familles nouvelles,

Soit que par ses secours nos races soient plus belles,
Heureux l'homme entouré de ses nombreux sujets !
Le vulgaire n'y voit que des arbres muets ;
Vous, ce sont vos enfants : vous aidez leur foiblesse,
Vous formez leurs beaux ans, vous soignez leur vieillesse ;
Vous en étudiez les diverses humeurs,
Vous leur donnez des lois, vous leur donnez des mœurs ;
Et corrigeant leurs fruits, leurs fleurs et leur feuillage,
De la création vous achevez l'ouvrage.

   Donnez les mêmes soins aux divers animaux :
Qu'ils soient par vous plus forts, mieux vêtus et plus beaux ;
Soignez bien les enfants, choisissez bien les mères,
Changez ou maintenez les mœurs héréditaires ;
A ceux dont nos cantons reçoivent les tributs
Ajoutez, s'il se peut, d'étrangères tribus :
Mais toujours sur les lieux réglez votre industrie ;
Ne contraignez jamais à quitter leur patrie
Ceux qui, féconds ailleurs, semblent pour vous punir
Refuser de s'aimer, refuser de s'unir,
Ou qui, dégénérant de leur antique race,
De leurs traits primitifs perdent bientôt la trace.
A cet oiseau parleur que sa triste beauté
Ne dédommage pas de sa stérilité,
Je préfère celui qui, né dans nos campagnes,
A son nid, ses amours, ses chants et ses compagnes.

SECOND CHANT.

Et qui ne connoît point le pouvoir des climats?
Le tigre parmi nous ne se reproduit pas ;
Le lion, dont le sang incessamment bouillonne,
Dédaigne sous nos toits l'amour de la lionne ;
Les chiens de nos climats, sujets aux mêmes lois,
Perdent chez l'Africain et leur poil et leur voix :
Et, sans lait pour son fils, la mère européenne
Le remet dans l'Asie à la femme indienne[12].

Faites donc votre choix : ceux de qui les penchants
Se font à votre ciel, se plaisent à vos champs,
Adoptez-les. Ainsi des rochers de la Suisse
S'unit à nos taureaux la féconde génisse,
Et, pendue aux buissons de ce coteau riant,
La chèvre aventurière a quitté l'Orient.
Là le belier anglois paît la verte campagne ;
Là la brebis d'Afrique et le mouton d'Espagne
De leur belle toison traînent le riche poids.
Ici le coursier barbe est errant dans vos bois ;
Là bondit d'Albion la cavale superbe,
Tandis que ses enfants qui folâtrent sur l'herbe,
Se cherchant, se fuyant, se défiant entre eux,
De leur course rivale entrelacent les jeux[13].

Aspects délicieux! perspectives charmantes!
Quelle scène est égale à ces scènes mouvantes,

A ces riants tableaux? Oh! de mes derniers jours
Si le ciel à mon choix avoit laissé le cours,
Oui, je l'avoue, après l'aimable poésie
L'utile agriculture eût exercé ma vie.
Est-il un soin plus doux? Calme, mais occupé,
C'est là qu'en ses désirs le sage est peu trompé;
Autour de ses jardins, de ses flottantes gerbes,
De ses riches vergers, de ses troupeaux superbes,
L'espoir au front riant se promène avec lui:
Il voit ses jeunes céps embrasser leur appui;
Sur le fruit qui mûrit, sur la fleur près d'éclore,
Il court interroger le lever de l'aurore,
Les vapeurs du midi, les nuages du soir.
L'inquiétude même assaisonne l'espoir;
Et, toujours entouré de dons ou de promesses,
Il sème, attend, recueille, ou compte ses richesses.
Et trop heureux encor lorsque des soins si doux
Par le même intérêt unissent deux époux,
Et resserrent les nœuds d'une sage famille!
Le père et son enfant, et la mère et sa fille,
Chacun a son emploi. Les travaux importants,
Les forêts à planter, la culture des champs,
L'art par qui la moisson et la vigne prospère,
Sont les amusements et la gloire du père:
Son fils aux mêmes soins s'exerce sous ses lois;
Lui-même l'initie à ses heureux emplois,

Lui conte ses projets; il lui lègue d'avance
Ses desseins, ses succès, sa longue expérience:
Ces vergers, lui dit-il, ces prés créés par moi,
Ces travaux commencés seront finis par toi;
Entretiens ces canaux, ils furent mon ouvrage;
Soigne ces jeunes bois, ces bois sont de ton âge.

Trésor de son ménage, et chère à son époux,
La mère a des emplois moins graves et plus doux;
Les soins du colombier, ceux de la bergerie,
Occupent ses moments; la fraîche laiterie
Lui doit l'appétissante et simple propreté;
Le parterre, ses fleurs; la maison, sa gaîté;
Elle tient sous ses lois les oiseaux domestiques,
Prépare leur enceinte et leurs palais rustiques,
Leur perche pour dormir, leur abri pour couver:
Elle y court le matin; son œil aime à trouver
La mère sur son nid, l'enfant qui vient d'éclore,
Et la poule en travail, et son œuf tiéde encore;
Joyeuse, elle saisit son innocent butin,
Et déjà le promet au banquet du matin.
Et pourrois-je oublier les soins de la volière?
Elle-même nourrit la troupe familière,
Console ces captifs de l'empire de l'air,
Leur porte le mouron, la chenille et le ver;
Elle-même préside à leurs doux mariages,

Elle assortit leur race, établit leurs ménages,
Des couples amoureux forme l'heureux lien,
Et voit dans leur bonheur une image du sien.
Les temps sont-ils venus d'une chaîne si douce?
C'est elle qui leur jette et la laine et la mousse,
Et le tendre coton qui, tapissant leurs nids,
Sur le plus fin duvet recevra leurs petits.
Sa fille l'accompagne, et, doucement rêveuse,
Prodigue aussi ses soins à la troupe amoureuse;
Tantôt les agaçant du geste et de la voix,
A leurs becs irrités abandonne ses doigts.
L'une et l'autre préside au luxe de la table;
Le café par leurs soins coule plus délectable,
Et le gâteau doré, délices du festin,
Paroît plus savoureux préparé par leur main.
Cependant la moisson, les fruits, et les vendanges,
Remplissent les pressoirs, les celliers et les granges.
Tels vivoient nos aïeux, tels on vit ces châteaux,
De nos vieux chevaliers vénérables berceaux;
Ainsi les champs, les bois, prodiguoient à leur maître
Leur richesse innocente et leur luxe champêtre.

Hélas! pour mes vieux jours j'attendois ces plaisirs;
Et déjà l'espérance, au gré de mes désirs,
De mon domaine heureux m'investissoit d'avance.
Je ne possédois pas un héritage immense;

SECOND CHANT.

Mais j'avois mon verger, mon bosquet, mon berceau.
Dieux! dans quels frais sentiers serpentoit mon ruisseau!
Combien je chérissois mes fleurs et mon ombrage!
Quels gras troupeaux erroient dans mon gras pâturage!
Tout rioit à mes yeux; mon esprit ne rêvoit
Que des meules d'épis et des ruisseaux de lait.
Trop courte illusion! délices chimériques!
De mon triste pays les troubles politiques
M'ont laissé pour tout bien mes agrestes pipeaux.
Adieu mes fleurs! adieu mes fruits et mes troupeaux!
Eh bien! forêts du Pinde, asiles frais et sombres,
Revenez, rendez-moi vos poétiques ombres.
Si le sort m'interdit les doux travaux des champs,
Du moins à leurs bienfaits je consacre mes chants:
Des vergers, des guérets tous les dieux me secondent,
La colline m'écoute, et les bois me répondent.

Vous donc qui, comme moi, de ce bel art épris,
Voulez à vos rivaux en disputer le prix,
Ne vous contentez pas d'une facile gloire:
Les champs ont leurs combats, les champs ont leur victoire.
Voyez-vous, au midi, de ce sol montueux
Le soleil échauffer les rocs infructueux?
Venez, que tardez-vous? par un triomphe utile
Changez ce sol ingrat en un terrain fertile;
Et pour planter le cep sur ces coteaux vaincus

5.

Que Mars prête en riant ses foudres à Bacchus!
De ces apprêts guerriers la montagne s'étonne :
Le feu court dans ses flancs; ils s'ouvrent; le ciel tonne,
Et des rocs déchirés avec un long fracas
Les débris dispersés s'envolent en éclats.
Le pampre verdoyant aussitôt les remplace,
Et rit aux mêmes lieux que hérissoit leur masse.
Bientôt un doux nectar, par vos travaux acquis,
Vous semble encor plus doux sur un terrain conquis;
Vos amis avec vous partagent la conquête,
Et leur brillante orgie en célèbre la fête.

Ailleurs c'est un coteau dont le terrain mouvant,
Entraîné par les eaux, emporté par le vent,
N'offre à l'œil attristé qu'une stérile arène :
Eh bien! ces lieux encor vous paîront votre peine,
Si, d'un sol indigent fécond réparateur,
De son terrain nouveau votre art est créateur.
Ainsi cette île altière, ouvrage d'une autre île,
Ce rocher héroïque en hauts faits si fertile,
Qui voit fumer de loin le sommet de l'Etna,
Malte, emprunta son sol aux campagnes d'Enna;
Ainsi loin d'elle encor la Sicile est féconde.
La terre de Cérès, en voyageant sur l'onde,
Vint couvrir ces rochers; et leur maigre terrain,
Qui suffisoit à peine à l'humble romarin,

SECOND CHANT. 77

Vit naître à force d'art, sur sa côte brûlante,
Le melon savoureux, la figue succulente,
Et ces raisins ambrés qui parfument les airs,
Et l'arbre aux pommes d'or, aux rameaux toujours verts :
Les lauriers seuls sembloient y croître sans culture ;
Thétis avec plaisir réfléchit leur verdure ;
Et ce roc, par l'été dévoré si long-temps,
Eut enfin son automne et connut le printemps [14].

Imitez, s'il se peut, cette heureuse industrie.
Le terrain qu'a perdu cette côte appauvrie,
Reprenez-le aux vallons ; que la fécondité
Vienne couvrir des rocs la triste nudité.
Mais quand l'onde et les vents vont lui livrer la guerre
Que par-tout d'humbles murs soutiennent cette terre.
O riant Gemenos ! ô vallon fortuné [15] !
Tel j'ai vu ton coteau de pampres couronné,
Que la figue chérit, que l'olive idolâtre,
Étendre en verts gradins son riche amphithéâtre,
Et la terre, par l'homme apportée à grands frais,
D'un sol enfant de l'art étaler les bienfaits.
Lieu charmant ! trop heureux qui dans ta belle plaine,
Où l'hiver indulgent attiédit son haleine,
Au sein d'un doux abri peut, sous ton ciel vermeil,
Avec tes orangers partager ton soleil,
Respirer leurs parfums, et, comme leur verdure,

Même au sein des frimas défier la froidure!

Toutefois le bel art que célèbrent mes chants
Ne borne point sa gloire à féconder les champs;
Il sait, pour employer leurs richesses fécondes,
Mettre à profit les vents et les feux et les ondes,
Domter et façonner et le fer et l'airain,
Transformer en tissus et la laine et le lin.
Loin de ces verts coteaux, de ces humbles campagnes,
Venez donc, suivez-moi vers ces âpres montagnes,
Formidables déserts d'où tombent les torrents,
Où gronde le tonnerre, où mugissent les vents.

Monts où j'ai tant rêvé, pour qui, dans mon ivresse,
Des plus riants vallons j'oubliois la mollesse,
Ne pourrai-je encor voir vos rocs majestueux,
Entendre de vos flots le cours tumultueux?
Oh! qui m'enfoncera sous vos portiques sombres,
Dans vos sentiers noircis d'impénétrables ombres?

Mais ce n'est plus le temps : autrefois des beaux arts,
Sur ces monts, sur ces rocs, j'appelois les regards :
C'est au cultivateur qu'aujourd'hui je m'adresse;
J'invoque le besoin, le travail et l'adresse;
Je leur dis : Voyez-vous bondir ces flots errants?
Courez, emparez-vous de ces fougueux torrents;

SECOND CHANT.

Guidez dans des canaux leur onde apprivoisée ;
Que, tantôt réunie et tantôt divisée,
Elle tourne la roue, élève les marteaux,
Et dévide la soie, ou domte les métaux.
Là, docile ouvrier, le fier torrent façonne
Les toisons de Palès, les sabres de Bellone :
Là, plus prompt que l'éclair, le flot lance les mâts
Destinés à voguer vers de lointains climats ;
Là pour l'art des Didot Annonay voit paroître
Les feuilles où ces vers seront tracés peut-être.
Tout vit ; j'entends par-tout retentir les échos
Du bruit des atteliers, des forges, et des flots ;
Les rocs sont subjugués ; l'homme est grand, l'art sublime ;
La montagne s'égaie, et le désert s'anime.

Sachez aussi comment des fleuves, des ruisseaux,
On peut mettre à profit les salutaires eaux ;
Et Pomone et Palès, et Flore et les Dryades,
Doivent leurs doux trésors à l'urne des Naïades,
Sur-tout dans les climats où l'ardente saison
Jusque dans sa racine attaque le gazon,
Et laisse à peine au sein de la terre embrasée
Tomber d'un ciel avare une foible rosée.

Non loin est un ruisseau ; mais de ce mont jaloux
Le rempart ennemi le sépare de vous :

Eh bien! osez tenter une grande conquête:
Venez, de vos sapeurs déjà l'armée est prête;
Sous leurs coups redoublés le mont cède en croulant.
La brouette aux longs bras, qui gémit en roulant,
Qui, par-tout se frayant un facile passage,
Sur son unique roue agilement voyage,
S'emplissant, se vidant, allant, venant cent fois,
Des débris entassés transporte au loin le poids.
Enfin le mont succombe, il s'ouvre, et sous sa voûte
Ouvre au ruisseau joyeux une facile route.
La Naïade s'étonne, et, dans son lit nouveau,
A ses brillants destins abandonne son eau.
Il vient, il se partage en fertiles rigoles;
Ses limpides filets sont autant de Pactoles;
Sur son passage heureux tout renaît, tout verdit:
De ses états nouveaux son onde s'applaudit,
Et, source de fraîcheur, d'abondance, et de gloire,
Vous paie en peu de temps les frais de la victoire [16].

Dans les champs où, plus près de l'astre ardent du jour,
Au sein de ses vallons Lima sent tour-à-tour [17]
Par le vent de la mer, par celui des montagnes,
Le soir et le matin rafraîchir ses campagnes,
Avec bien moins de frais et bien moins d'art encor
L'homme sait des ruisseaux disposer le trésor,

SECOND CHANT.

Et, suivant qu'il répand ou suspend leur largesse,
Retarde sa récolte ou hâte sa richesse.
Près du fruit coloré la fleur s'épanouit,
L'arbre donne et promet, l'homme espère et jouit.
Là le cep obéit au fer qui le façonne;
Ici de grappes d'or la vigne se couronne;
Et, sans que l'eau du ciel lui dispense ses dons,
L'homme au cours des ruisseaux asservit les saisons.
Lieux charmants où les cieux sont féconds sans nuage,
Et qui ne doivent point leur richesse à l'orage!
Tant l'art a de pouvoir! tant l'homme audacieux
Sait vaincre la nature et corriger les cieux!

Ne pouvez-vous encor de ces terres fangeuses
Guider dans des canaux les eaux marécageuses,
Et, donnant à Cérès des trésors imprévus,
Montrer au ciel des champs qu'il n'avoit jamais vus?
Tantôt, coulant sans but, des sources vagabondes
A leur libre penchant abandonnent leurs ondes,
Et suivent au hasard leur cours licencieux:
Changez en long canal ces flots capricieux;
Bientôt vous allez voir mille barques agiles
Descendre, remonter sur ses ondes dociles:
Aux cantons étrangers ils portent vos trésors;
Des fruits d'un sol lointain il enrichit vos bords;

Par lui les intérêts, les besoins se confondent,
Tous les biens sont communs, tous les lieux se répondent,
Et l'air, l'onde, et la terre, en bénissent l'auteur.

Riquet de ce grand art atteignit la hauteur,
Lorsqu'à ce grand travail du peuple monastique,
Dont long-temps l'ignorance honora Rome antique[15],
Son art joignit encor des prodiges nouveaux,
Et réunit deux mers par ses hardis travaux.
Non, l'Égypte et son lac, le Nil et ses merveilles,
Jamais de tels récits n'ont frappé les oreilles.
Là, par un art magique, à vos yeux sont offerts
Des fleuves sur des ponts, des vaisseaux dans les airs;
Des chemins sous des monts, des rocs changés en voûte,
Où vingt fleuves, suivant leur ténébreuse route,
Dans de noirs souterrains conduisent les vaisseaux,
Qui du noir Achéron semblent fendre les eaux,
Puis, gagnant lentement l'ouverture opposée,
Découvrent tout-à-coup un riant Élysée,
Des vergers pleins de fruits et des prés pleins de fleurs,
Et d'un bel horizon les brillantes couleurs.
En contemplant du mont la hauteur menaçante
Le fleuve quelque temps s'arrête d'épouvante;
Mais d'espace en espace en tombant retenus,
Avec art applanis, avec art soutenus,
Du mont, dont la hauteur au vallon doit les rendre,

SECOND CHANT. 83

Les flots de chûte en chûte apprennent à descendre,
Puis, traversant en paix l'émail fleuri des prés,
Conduisent à la mer les vaisseaux rassurés :
Chef-d'œuvre qui vainquit les monts, les champs, les ondes,
Et joignit les deux mers qui joignent les deux mondes !

Mais ces fleuves féconds sont souvent destructeurs :
Sachez donc réprimer ces flots dévastateurs.
Tout connut ce bel art; et l'antiquité même
En présente à nos yeux l'ingénieux emblême.
Du fabuleux Ovide écoutez le récit.

Achéloüs, dit-il, échappé de son lit,
Entraînoit les troupeaux dans ses eaux orageuses,
Rouloit l'or des moissons dans ses vagues fangeuses,
Emportoit les hameaux, dépeuploit les cités,
Et changeoit en déserts les champs épouvantés.
Soudain Hercule arrive et veut domter sa rage :
Dans les flots écumants il se jette à la nage,
Les fend d'un bras nerveux, appaise leurs bouillons,
Et ramène en leur lit leurs fougueux tourbillons.
Du fleuve subjugué l'onde en courroux murmure :
Aussitôt d'un serpent il revêt la figure ;
Il siffle, il s'enfle, il roule, il déroule ses nœuds,
Et de ses vastes plis bat ses bords sablonneux.
A peine il l'apperçoit, le vaillant fils d'Alcmène

De ses bras vigoureux le saisit et l'enchaîne,
Il le presse, il l'étouffe, et de son corps mourant
Laisse le dernier pli sur l'arène expirant,
Se relève en fureur, et lui dit : Téméraire !
Osas-tu bien d'Hercule affronter la colère ?
Et ne savois-tu pas qu'en son berceau fameux
Des serpents étouffés furent ses premiers jeux ?
Étonné, furieux de sa double victoire,
Le fleuve de ses flots prétend venger la gloire;
Il fond sur son vainqueur : ce n'est plus un serpent
En replis onduleux sur le sable rampant;
C'est un taureau superbe au front large et sauvage;
Ses bonds impétueux déchirent son rivage,
Sa tête bat les vents, le feu sort de ses yeux;
Il mugit, et sa voix a fait trembler les cieux.
Hercule sans effroi voit renaître la guerre,
Part, vole, le saisit, le combat, et l'atterre,
L'accable de son poids, presse de son genou
Sa gorge haletante et son robuste cou;
Puis, fier et triomphant de sa rage étouffée,
Arrache un de ses dards et s'en fait un trophée.
Aussitôt les Sylvains, les Nymphes de ces bords,
Dont il vengea l'empire et sauva les trésors,
Au vainqueur qui repose apportent leurs offrandes,
L'entourent de festons, le parent de guirlandes,

Et dans la corne heureuse épanchant leurs faveurs,
La remplissent de fruits, la couronnent de fleurs.

Heureuse fiction, aimable allégorie,
Du peintre et du poëte également chérie !
Eh ! qui dans ce serpent, dans ces plis sinueux,
Ne voit des flots errants les détours tortueux
Soumettant à nos lois leur fureur vagabonde ?
Ce taureau qui mugit, c'est la vague qui gronde ;
Ces deux cornes du fleuve expriment les deux bras ;
Celle qu'arrache Alcide en ces fameux combats,
Riche des dons de Flore et des fruits de Pomone,
De l'homme, heureux vainqueur des eaux qu'il emprisonne,
Marque la récompense, et sous ces heureux traits
L'abondance aux mortels verse encor ses bienfaits.

Ce travail vous étonne ? Eh ! voyez le Batave
Donner un frein puissant à l'Océan esclave.
Là le chêne, en son sein fixé profondément,
Présente une barrière au fougueux élément ;
S'il n'a plus ces rameaux et ces pompeux feuillages
Qui paroient le printemps et bravoient les orages,
Sa tige dans les mers soutient d'autres assauts,
Et brise fièrement la colère des eaux.
Là d'un long mur de joncs l'ondoyante souplesse,

Puissante par leur art, forte par sa foiblesse,
Sur le bord qu'il menace attend le flot grondant,
Trompe sa violence, et résiste en cédant.
De là ce sol conquis et ces plaines fécondes
Que la terre étonnée a vus sortir des ondes,
Ces champs pleins de troupeaux, ces prés enfants de l'art.
Le long des flots bruyants qui battent ce rempart
Le voyageur, surpris, au-dessus de sa tête
Entend gronder la vague et mugir la tempête,
Et dans ce sol heureux, à force de tourment,
La nature est tout art, l'art tout enchantement.

 Vous ne pouvez sans doute offrir ces grands spectacles;
Mais votre art plus borné peut avoir ses miracles:
Donnez-lui donc l'essor; sachez par vos travaux
Vaincre ou mettre à profit le cours puissant des eaux.
Tantôt à votre sol l'onde livrant la guerre
Mord en secret ses bords et dévore sa terre;
Tantôt par son penchant le courant entraîné
Vous livre, en s'éloignant, son lit abandonné;
Ailleurs d'un champ qu'il ronge emportant les ruines,
Ses flots officieux vous cèdent leurs rapines.
Recevez leurs présents, et, protégeant leurs bords,
De l'onde usurpatrice arrêtez les efforts,
Et gouvernant son cours rebelle ou volontaire,
Traitez-le comme esclave ou comme tributaire.

Souvent même, dit-on, tout un frêle terrain
De sa base d'argile est détaché soudain,
Glisse, vogue sur l'onde, et vers d'autres rivages
D'un voisin étonné va joindre l'héritage.
Le nouveau possesseur, qu'enrichissent ces eaux,
Contemple à son réveil ses domaines nouveaux,
Tandis qu'à l'autre bord ses déplorables maîtres
Ont vu s'enfuir loin d'eux les champs de leurs ancêtres.

Muse, attendris tes sons, et chante la douleur
De la belle Égérie, heureuse en son malheur.
Sous les monts de l'Écosse, en un lac où des îles
Pressent, dit-on, les flots de leurs masses mobiles,
Son père possédoit un modique terrain
Élevé sur les eaux et flottant sur leur sein :
Telle, comme une fleur jetée au sein de l'onde,
Callimaque nous peint cette île vagabonde,
L'asile de Latone et le berceau des dieux.
Du hasard et des flots travail capricieux,
Celle que je décris, de racines sauvages,
De mousses, de rameaux enlacés par les âges,
Se forma lentement; des feuillages flétris
L'enrichissent encor de leurs féconds débris;
Et les caps avancés, à qui l'eau fait la guerre,
De leur lente ruine avoient accru sa terre;
Autour d'elles flottoient des saules, des roseaux.

Là n'étoient point nourris de superbes troupeaux,
La génisse féconde et la brebis bêlante;
Quelques chevreaux épars, famille pétulante,
Sous les lois d'Égérie erroient seuls en ce lieu :
C'étoit peu; mais le pauvre est riche de si peu!
Souvent en l'embrassant son respectable père
Lui disoit : O ma fille, image de ta mère!
Mon cœur se l'est promis, cette île que tu vois,
C'est ta dot; ces chevreaux et ce pré sont à toi.

   Maître, au bord opposé, d'un bois, d'une prairie,
Dolon depuis long-temps adoroit Égérie :
Trop heureux si, troublant un bonheur aussi doux,
Son père n'eût déjà fait choix d'un autre époux!
Toutefois de l'amour l'adresse industrieuse
A les dédommager étoit ingénieuse;
Le lac plus d'une fois sur ses flots complaisants
Du rivage opposé leur porta les présents,
Les beaux fruits de Dolon, les fleurs de la bergère;
Souvent l'heureux Dolon, sur sa barque légère,
Visitoit l'île heureuse. On sait que de l'amour
Les îles en tout temps sont le plus cher séjour.
Celle-ci n'étoit point la magique retraite
Que d'Alcine ou d'Armide enfanta la baguette;
Un charme encor plus doux y fixoit ces amants :
Se voir, s'aimer, voilà leurs seuls enchantements;

Falloit-il se quitter? condamnés à l'absence,
En perdant le plaisir ils gardoient l'espérance.

Enfin le tendre Amour, au gré de leur ardeur,
Voulut unir leur sort comme il unit leur cœur.
Parmi les déités que révèrent ces ondes
Doris fut la plus belle; en ses grottes profondes
Le lac n'enferma point un plus rare trésor;
Sous les flots azurés brilloient ses tresses d'or;
L'eau s'enorgueillissoit d'une charge aussi belle,
Les flots plus mollement murmuroient autour d'elle;
Les nymphes l'admiroient. Le jeune Palémon
Pour elle de sa trompe adoucissoit le son,
Et jamais chez Thétis nymphe plus ravissante
Ne reçut les baisers de l'onde caressante.
Éole l'adoroit, et son fougueux amour
Vainement l'appeloit dans sa bruyante cour;
La nymphe refusoit les farouches hommages
D'un dieu dont les soupirs ressemblent aux orages:
L'amant le plus bruyant n'est pas le plus aimé.

L'Amour vole à ce dieu par lui-même enflammé:
Éole, écoute-moi, lui dit-il. Égérie
Du sensible Dolon dès long-temps est chérie;
Son père la destine aux vœux d'un autre amant:
Seconde mes désirs pour ce couple charmant;

Que l'île d'Égérie, au gré de la tempête,
Vers les champs de Dolon vogue, aborde, et s'arrête;
Qu'alors tous deux unis ils se donnent leur foi :
Je le jure, à ce prix Doris vivra pour toi;
Mais ne l'entraîne point dans ta cour turbulente,
Permets-lui d'habiter dans sa grotte charmante;
Écarte de ses bords l'aquilon furieux,
Et que les seuls zéphirs soupirent dans ces lieux :
L'Amour le veut ainsi. Le dieu parle et s'envole.

L'espoir d'un prix si doux flatte le cœur d'Éole.
Pour hâter un bonheur de qui dépend le sien
Il veut de ces amants former l'heureux lien.
Un jour (l'île ce jour ne les vit point ensemble)
Soudain l'air a mugi, l'onde croît, l'île tremble;
Les flots tumultueux rugissent à l'entour :
Rien n'égale un orage excité par l'amour.
L'île cède : Égérie est en pleurs sur la rive;
Elle rappelle en vain son île fugitive,
Hélas! et son amour, injuste un seul moment,
Craint, en perdant sa dot, de perdre son amant.
Fille aimable, bannis une crainte importune !
L'aveugle amour est cher à l'aveugle fortune,
Et tous deux de ton île ils dirigent le cours.
Le terrain vagabond, après de longs détours,
Se rapproche des lieux où, seul sur le rivage,

SECOND CHANT.

Dolon, triste et pensif, entend gronder l'orage.
Il regarde, il s'étonne ; il observe long-temps
Cette île voyageuse et ces arbres flottants,
Quand soudain à ses yeux, quelle surprise extrême !
La terre, en approchant, montre l'île qu'il aime.
Il tremble : il craint pour elle une vague, un écueil ;
Il la suit sur les eaux, il la conduit de l'œil.
L'île long-temps encor flotte au gré de l'orage ;
La vague enfin la pousse et l'applique au rivage.
Dolon court, Dolon vole : il parcourt ces beaux lieux
Si chéris de son cœur, si connus à ses yeux ;
Il cherche le bosquet, il cherche la cabane
Où leurs discrets amours fuyoient un œil profane ;
Les flots impétueux auront-ils respecté
Les fleurs qu'elle arrosoit, l'arbre qu'elle a planté ?
Trouvera-t-il encor sur l'écorce légère
De leurs chiffres unis le tendre caractère ?
Tout l'émeut, tout occupe et son ame et ses yeux ;
D'un cœur moins effrayé, d'un œil moins curieux,
Un tendre ami parcourt l'air, les traits, le visage
D'un ami que les flots jetèrent au rivage.

Le calme sur les eaux à peine a reparu
Dolon retourne aux lieux d'où l'île a disparu,
Va trouver ses amis, les console, les mène
Au rivage où leur île est jointe à son domaine.

6.

Le changement d'abord la déguise à leurs vœux;
Mais d'Égérie à peine elle a frappé les yeux:
Ah! la voilà, dit-elle. Oui, la voilà, s'écrie
Le sensible Dolon, ton île tant chérie!
Viens; nous pourrons encore, à l'ombre de ces bois,
Entrelacer nos noms et marier nos voix:
N'accuse point le sort, n'accuse point l'orage;
Puisqu'il sert mon amour je bénis son naufrage;
Un dieu, sans doute, un dieu propice aux tendres cœurs
Sur la vague orageuse a guidé ses erreurs,
Vers ce rivage ami les dieux l'ont amenée:
Qu'ainsi puisse nous joindre un heureux hyménée!
Il dit: la mère pleure et le père consent,
Et la belle Égérie accepte en rougissant.
Et cependant il veut que cette île si chère
Reprenne sa parure et sa forme première:
Un pont joint à ses bords ce fortuné séjour,
Sacré par le malheur, plus sacré par l'amour;
Mais son art l'affermit, et l'onde mugissante
Vient briser sur ses bords sa colère impuissante.
Ainsi cette île errante eut un frein dans les flots,
Le bonheur un asile, et l'amour sa Délos.

FIN DU SECOND CHANT.

......L'hermite du lieu, sur un décombre assis,
Aux voyageurs encore en fait de longs récits.

Chant III.

L'HOMME
DES CHAMPS.

TROISIÈME CHANT.

ARGUMENT.

Le Naturaliste; l'art de voir la campagne et les phénomènes de la nature avec des yeux observateurs.

1° L'importance de l'étude de la nature. 2° La grandeur de la nature, soit dans les révolutions du globe, soit dans l'action continue qu'elle exerce. Divers phénomènes; récit de la destruction de Pleurs (*sujet de la gravure de ce chant*). Désastre d'Herculanum; Buffon; volcans de l'Auvergne; le grain de sable; la mer; les eaux thermales, leur utilité, leurs plaisirs (*sujet de la première vignette*). 3° Charme attaché à la contemplation de diverses scènes de la nature et à la recherche de leurs causes. Montagnes, avalanches, beaux sites; excursions botaniques; Bernard Jussieu; l'étude des animaux. 4° Ce charme se perpétue et s'augmente par la formation et la jouissance de cabinets d'histoire naturelle. Description des principales divisions d'un cabinet. Souvenir à Raton, chatte de l'auteur (*sujet de la seconde vignette*).

TROISIEME CHANT.

Que j'aime le mortel, noble dans ses penchants,
Qui cultive à la fois son esprit et ses champs!
Lui seul jouit de tout. Dans sa triste ignorance
Le vulgaire voit tout avec indifférence:
Des desseins du grand Être atteignant la hauteur,
Il ne sait point monter de l'ouvrage à l'auteur.
Non, ce n'est pas pour lui qu'en ses tableaux si vastes
Le grand peintre forma d'harmonieux contrastes:
Il ne sait pas comment, dans ses secrets canaux,
De la racine au tronc, du tronc jusqu'aux rameaux,
Des rameaux au feuillage accourt la sève errante;
Comment naît des crystaux la masse transparente,

L'union, les reflets et le jeu des couleurs :
Étranger à ses bois, étranger à ses fleurs,
Il ne sait point leurs noms, leurs vertus, leur famille ;
D'une grossière main il prend dans la charmille
Ses fils au rossignol, au printemps ses concerts.
Le sage seul, instruit des lois de l'univers,
Sait goûter dans les champs une volupté pure :
C'est pour l'ami des arts qu'existe la nature.

Vous donc, quand des travaux ou des soins importants
Du bonheur domestique ont rempli les instants,
Cherchez autour de vous de riches connoissances
Qui, charmant vos loisirs, doublent vos jouissances.
Trois règnes à vos yeux étalent leurs secrets.
Un maître doit toujours connoître ses sujets :
Observez les trésors que la nature assemble.
Venez ; marchons, voyons, et jouissons ensemble.

Dans ces aspects divers que de variété !
Là tout est élégance, harmonie, et beauté.
C'est la molle épaisseur de la fraîche verdure,
C'est de mille ruisseaux le caressant murmure,
Des coteaux arrondis, des bois majestueux,
Et des antres riants l'abri voluptueux ;
Ici d'affreux débris, des crevasses affreuses,
Des ravages du temps empreintes désastreuses ;
Un sable infructueux aux vents abandonné ;

TROISIEME CHANT.

Des rebelles torrents le cours désordonné ;
La ronce, la bruyère, et la mousse sauvage,
Et d'un sol dévasté l'épouvantable image.
Par-tout des biens, des maux, des fléaux, des bienfaits !
Pour en interpréter les causes, les effets,
Vous n'aurez point recours à ce double génie
Dont l'un veut le désordre, et l'autre l'harmonie :
Pour vous développer ces mystères profonds,
Venez, le vrai génie est celui des Buffons.

Autrefois, disent-ils, un terrible déluge,
Laissant l'onde sans frein et l'homme sans refuge,
Répandit, confondit en une vaste mer
Et les eaux de la terre et les torrents de l'air ;
Où s'élevoient des monts étendit des campagnes ;
Où furent des vallons éleva des montagnes ;
Joignit deux continents dans les mêmes tombeaux ;
Du globe déchiré dispersa les lambeaux ;
Lança l'eau sur la terre et la terre dans l'onde,
Et roula le chaos sur les débris du monde.
De là ces grands amas dans la terre enfermés,
Ces bois, noirs aliments des volcans enflammés,
Et ces énormes lits, ces couches intestines,
Qui d'un monde sur l'autre entassent les ruines.

Ailleurs d'autres dépôts se présentent à vous,
Formés plus lentement par des moyens plus doux.

Les fleuves, nous dit-on, dans leurs errantes courses,
En apportant aux mers les tributs de leurs sources,
Entraînèrent des corps l'un à l'autre étrangers,
Quelques uns plus pesants, les autres plus légers ;
Les uns au fond de l'eau tout-à-coup se plongèrent,
Quelque temps suspendus les autres surnagèrent ;
De là précipités dans l'humide séjour,
Sur ces premiers dépôts s'assirent à leur tour :
Des couches de limon sur eux se répandirent,
Sur ces lits étendus d'autres lits s'étendirent ;
Des arbustes sur eux gravèrent leurs rameaux,
Non brisés par des chocs, non dissous par les eaux,
Mais dans leur forme pure. En vain leurs caractères
Semblent offrir aux yeux des plantes étrangères [2]
Que des fleuves, des lacs, et des mers en courroux,
Le roulement affreux apporta parmi nous :
Leurs traits inaltérés, les couches plus profondes
Des lits que de la mer ont arrêtés les ondes ;
Souvent deux minces lits, léger travail des eaux,
L'un sur l'autre sculptés par les mêmes rameaux [3] ;
Tout d'une cause lente annonce aux yeux l'ouvrage.
Ainsi, sans recourir à tout ce grand ravage,
Le sage ne voit plus que des effets constants,
Le cours de la nature et la marche du temps.

Mais j'apperçois d'ici les débris d'un village ;

D'un désastre fameux tout annonce l'image :
Quels malheurs l'ont produit? avançons, consultons
Les lieux et les vieillards de ces tristes cantons.
Dans les concavités de ces roches profondes,
Où des fleuves futurs l'air déposoit les ondes,
L'eau, parmi les rochers se filtrant lentement,
De ces grands réservoirs mina le fondement :
Les voûtes, tout-à-coup à grand bruit écroulées,
Remplirent ces bassins; et les eaux refoulées,
Se soulevant en masse et brisant leurs remparts,
Avec les bois, les rocs, et leurs débris épars,
Des hameaux, des cités traînèrent les ruines;
Leur cours se lit encore au creux de ces ravines,
Et l'ermite du lieu, sur un décombre assis,
Aux voyageurs encore en fait de longs récits [4].

Ailleurs ces noirs sommets dans le fond des campagnes
Versèrent tout-à-coup leurs liquides montagnes,
Et le débordement de leurs bruyantes eaux
Forma de nouveaux lacs et des courants nouveaux.
Voyez-vous ce mont chauve et dépouillé de terre
A qui fait l'aquilon une éternelle guerre?
L'olympe pluvieux, de son front escarpé
Détachant le limon par ses eaux détrempé,
L'emporta dans les champs, et de sa cime nue
Laissa les noirs sommets se perdre dans la nue :

L'œil s'afflige à l'aspect de ses rochers hideux.

Poursuivons, descendons de ces sauvages lieux ;
Des terrains variés marquons la différence.
Voyons comment le sol, dont la simple substance
Sur les monts primitifs où les dieux l'ont jeté
Conserve, vierge encor, toute sa pureté,
S'altère en descendant des montagnes aux plaines ;
De nuance en nuance et de veines en veines
L'observateur le suit d'un regard curieux[5].

Tantôt de l'ouragan c'est le cours furieux ;
Terrible il prend son vol, et dans des flots de poudre
Part, conduisant la nuit, la tempête, et la foudre ;
Balaye, en se jouant, et forêt et cité ;
Refoule dans son lit le fleuve épouvanté ;
Jusqu'au sommet des monts lance la mer profonde,
Et tourmente en courant les airs, la terre, et l'onde :
De là sous d'autres champs ces champs ensevelis,
Ces monts changeant de place, et ces fleuves de lits ;
Et la terre sans fruits, sans fleurs, et sans verdure,
Pleure en habit de deuil sa riante parure.

Non moins impétueux et non moins dévorants
Les feux ont leur tempête et l'Etna ses torrents.
La terre dans son sein, épouvantable gouffre,

Nourrit de noirs amas de bitume et de soufre,
Enflamme l'air et l'onde, et de ses propres flancs
Sur ses fruits et ses fleurs vomit des flots bouillants :
Emblême trop frappant des ardeurs turbulentes
Dans le volcan de l'ame incessamment brûlantes,
Et qui, sortant soudain de l'abyme des cœurs,
Dévorent de la vie et les fruits et les fleurs !
Ces rocs tout calcinés, cette terre noirâtre,
Tout d'un grand incendie annonce le théâtre.
Là grondoit un volcan : ses feux sont assoupis ;
Flore y donne des fleurs et Cérès des épis ;
Sur l'un de ses côtés son désastre s'efface,
Mais la pente opposée en garde encor la trace :
C'est ici que la lave en longs torrents coula ;
Voici le lit profond où le fleuve roula,
Et plus loin à longs flots sa masse répandue
Se refroidit soudain et resta suspendue.
Dans ce désastre affreux quels fleuves ont tari !
Quels sommets ont croulé, quels peuples ont péri !
Les vieux âges l'ont su, l'âge présent l'ignore ;
Mais de ce grand fléau la terreur dure encore.
Un jour, peut-être, un jour les peuples de ces lieux
Que l'horrible volcan inonda de ses feux,
Heurtant avec le soc des restes de murailles,
Découvriront ce gouffre, et, creusant ses entrailles,
Contempleront au loin avec étonnement

Des hommes et des arts ce profond monument ;
Cet aspect si nouveau des demeures antiques,
Ces cirques, ces palais, ces temples, ces portiques,
Ces gymnases du sage autrefois fréquentés,
D'hommes qui semblent vivre encor tout habités ;
Simulacres légers, prêts à tomber en poudre,
Tous gardant l'attitude où les surprit la foudre :
L'un enlevant son fils, l'autre emportant son or ;
Cet autre ses écrits, son plus riche trésor ;
Celui-ci dans ses mains tient son dieu tutélaire ;
L'autre, non moins pieux, s'est chargé de son père ;
L'autre, paré de fleurs et la coupe à la main,
A vu sa dernière heure et son dernier festin [6].

Gloire, honneur à Buffon, qui, pour guider nos sages [7],
Éleva sept fanaux sur l'océan des âges [8],
Et, noble historien de l'antique univers,
Nous peignit à grands traits ces changements divers !
Mais il quitta trop peu sa retraite profonde :
Des bosquets de Monbar Buffon jugeoit le monde ;
A des yeux étrangers se confiant en vain,
Il vit peu par lui-même, et, tel qu'un souverain,
De loin, et sur la foi d'une vaine peinture,
Par ses ambassadeurs courtisa la nature [9].

O ma chère patrie ! ô champs délicieux,

Où les fastes du temps frappent par-tout les yeux !
Oh ! s'il eût parcouru cette belle Limagne,
Qu'il eût joui de voir dans la même campagne
Trois âges de volcans que distinguent entre eux
Leurs aspects, leurs courants, leurs foyers sulphureux !
La mer couvrit les uns par des couches profondes,
D'autres ont recouvert le vieux séjour des ondes ;
L'un d'une côte à l'autre étendit ses torrents,
L'autre en fleuve de feu versa ses flots errants
Dans ces fonds qu'a creusé la longue main des âges.
En voyant du passé ces sublimes images,
Ces grands foyers éteints dans des siècles divers,
Des mers sur des volcans, des volcans sur des mers,
Vers l'antique chaos notre ame est repoussée,
Et des âges sans fin pèsent sur la pensée.

Mais, sans quitter vos monts et vos vallons chéris,
Voyez d'un marbre usé le plus mince débris :
Quel riche monument ! de quelle grande histoire
Ses révolutions conservent la mémoire !
Composé des dépôts de l'empire animé,
Par la destruction ce marbre fut formé ;
Pour créer les débris dont les eaux le pétrirent
De générations quelles foules périrent !
Combien de temps sur lui l'océan a coulé !
Que de temps dans leur sein les vagues l'ont roulé !

En descendant des monts dans ses profonds abymes
L'océan autrefois le laissa sur leurs cimes;
L'orage dans les mers de nouveau le porta;
De nouveau sur ses bords la mer le rejeta,
Le reprit, le rendit : ainsi, rongé par l'âge,
Il endura les vents, et les flots, et l'orage :
Enfin, de ces grands monts humble contemporain,
Ce marbre fut un roc, ce roc n'est plus qu'un grain;
Mais, fils du temps, de l'air, de la terre, et de l'onde,
L'histoire de ce grain est l'histoire du monde[10].

Et quelle source encor d'études, de plaisirs,
Va de pensers sans nombre occuper vos loisirs,
Si la mer elle-même et ses vastes domaines
Vous offrent de plus près leurs riches phénomènes!

O mer, terrible mer, quel homme à ton aspect
Ne se sent pas saisi de crainte et de respect!
De quelle impression tu frappas mon enfance!
Mais alors je ne vis que ton espace immense:
Combien l'homme et ses arts t'agrandissent encor!
Là le génie humain prit son plus noble essor;
Tous ces nombreux vaisseaux suspendus sur ses ondes
Sont le nœud des états, les couriers des deux mondes.
Comme elle à son aspect vos pensers sont profonds :
Tantôt vous demandez à ces gouffres sans fonds

Les débris disparus des nations guerrières,
Leur or, leurs bataillons, et leurs flottes entières ;
Tantôt, avec Linnée enfoncé sous les eaux,
Vous cherchez ces forêts de fucus, de roseaux [11],
De la Flore des mers invisible héritage,
Qui ne viennent à nous qu'apportés par l'orage ;
Éponges, polypiers, madrépores, coraux,
Des insectes des mers miraculeux travaux [12].
Que de fleuves obscurs y dérobent leur source !
Que de fleuves fameux y terminent leur course !
Tantôt avec effroi vous y suivez de l'œil
Ces monstres qui de loin semblent un vaste écueil [13] :
Souvent avec Buffon vos yeux y viennent lire
Les révolutions de ce bruyant empire,
Ses courants, ses reflux, ces grands évènements
Qui de l'axe incliné suivent les mouvements ;
Tous ces volcans éteints qui du sein de la terre
Jadis alloient aux cieux défier le tonnerre ;
Ceux dont le foyer brûle au sein des flots amers,
Ceux dont la voûte ardente est la base des mers,
Et qui peut-être un jour sur les eaux écumantes
Vomiront des rochers et des îles fumantes.
Peindrai-je ces vieux caps sur les ondes pendants,
Ces golfes qu'à leur tour rongent les flots grondants,
Ces monts ensevelis sous ces voûtes obscures,
Les Alpes d'autrefois et les Alpes futures ;

Tandis que ces vallons, ces monts que voit le jour,
Dans les profondes eaux vont rentrer à leur tour?
Échanges éternels de la terre et de l'onde,
Qui semblent lentement se disputer le monde!
Ainsi l'ancre s'attache où paissoient les troupeaux,
Ainsi roulent des chars où voguoient des vaisseaux;
Et le monde, vieilli par la mer qui voyage,
Dans l'abyme des temps s'en va cacher son âge.

Après les vastes mers et leurs mouvants tableaux
Vous aimerez à voir les fleuves, les ruisseaux;
Non point ceux qu'ont chantés tous ces rimeurs si fades
De qui les vers usés ont vieilli leurs Naïades,
Mais ceux de qui les eaux présentent à vos yeux
Des effets nobles, grands, rares, ou curieux.
Tantôt dans son berceau vous recherchez leur source;
Tantôt dans ses replis vous observez leur course,
Comme, d'un bord à l'autre errants en longs détours,
D'angles creux ou saillants chacun marque son cours.

Dirai-je ces ruisseaux, ces sources, ces fontaines
Qui de nos corps souffrants adoucissent les peines?
Là, de votre canton doux et tristes tableaux,
La joie et la douleur, les plaisirs et les maux,
Vous font chaque printemps leur visite annuelle;
Là, mêlant leur gaîté, leur plainte mutuelle,

Viennent de tous côtés, exacts au rendez-vous,
Des vieillards éclopés, un jeune essaim de fous;
Dans le même salon là viennent se confondre
La belle vaporeuse et le triste hypocondre:
Lise y vient de son teint rafraîchir les couleurs;
Le guerrier de sa plaie adoucir les douleurs;
Le gourmand de sa table expier les délices:
Au dieu de la santé tous font leurs sacrifices;
Tous, lassant de leurs maux valets, amis, voisins,
Veulent être guéris, mais sur-tout être plaints.
Le matin voit errer l'essaim mélancolique;
Le soir le jeu, le bal, les festins, la musique,
Mêlent à mille maux mille plaisirs divers:
On croit voir l'Élysée au milieu des Enfers.

   Mais, laissant là la foule et ses bruyantes scènes,
Reprenons notre course autour de vos domaines,
Et du palais magique où se rendent les eaux
Ensemble remontons aux lieux de leurs berceaux,
Vers ces monts, de vos champs dominateurs antiques.
Quels sublimes aspects! quels tableaux romantiques!
Sur ces vastes rochers, confusément épars,
Je crois voir le génie appeler tous les arts:
Le peintre y vient chercher, sous des teintes sans nombre,
Les jets de la lumière et les masses de l'ombre;
Le poëte y conçoit de plus sublimes chants;

Le sage y voit des mœurs les spectacles touchants:
Des siècles autour d'eux ont passé comme une heure,
Et l'aigle et l'homme libre en aiment la demeure;
Et vous, vous y venez, d'un œil observateur,
Admirer dans ses plans l'éternel Créateur.
Là le temps a tracé les annales du monde:
Vous distinguez ces monts, lents ouvrages de l'onde;
Ceux que des feux soudains ont lancés dans les airs,
Et les monts primitifs nés avec l'univers;
Leurs lits si variés, leur couche verticale,
Leurs terrains inclinés, leur forme horizontale,
Du hasard et du temps travail mystérieux:
Tantôt vous parcourez d'un regard curieux
De leurs rochers pendants l'informe amphithéâtre,
L'ouvrage des volcans, le basalte noirâtre,
Le granit par les eaux lentement façonné,
Et les feuilles du schiste, et le marbre veiné;
Vous fouillez dans leur sein, vous percez leur structure;
Vous y voyez empreints Dieu, l'homme, et la nature:
La nature, tantôt riante en tous ses traits,
De verdure et de fleurs égayant ses attraits;
Tantôt mâle, âpre et forte, et dédaignant les graces,
Fière, et du vieux chaos gardant encor les traces.
Ici, modeste encore au sortir du berceau,
Glisse en minces filets un timide ruisseau;
Là s'élance en grondant la cascade écumante;

Là le zéphir caresse ou l'aquilon tourmente;
Vous y voyez unis des volcans, des vergers,
Et l'écho du tonnerre, et l'écho des bergers;
Ici de frais vallons, une terre féconde;
Là des rocs décharnés, vieux ossements du monde;
A leur pied le printemps, sur leurs fronts les hivers.
Salut, pompeux Jura [14], terrible Montanverts [15],
De neiges, de glaçons entassements énormes,
Du temple des frimas colonnades informes,
Prismes éblouissants, dont les pans azurés,
Défiant le soleil dont ils sont colorés,
Peignent de pourpre et d'or leur éclatante masse,
Tandis que, triomphant sur son trône de glace,
L'hiver s'enorgueillit de voir l'astre du jour
Embellir son palais et décorer sa cour.
Non, jamais, au milieu de ces grands phénomènes,
De ces tableaux touchants, de ces terribles scènes,
L'imagination ne laisse dans ces lieux
Ou languir la pensée ou reposer les yeux.

Malheureux cependant les mortels téméraires
Qui viennent visiter ces horreurs solitaires,
Si par un bruit prudent de tous ces noirs frimas
Leurs tubes enflammés n'interrogent l'amas!
Souvent un grand effet naît d'une foible cause;
Souvent sur ces hauteurs l'oiseau qui se repose

Détache un grain de neige; à ce léger fardeau
Des grains dont il s'accroît se joint le poids nouveau;
La neige autour de lui rapidement s'amasse;
De moment en moment il augmente sa masse :
L'air en tremble, et soudain, s'écroulant à la fois,
Des hivers entassés l'épouvantable poids
Bondit de roc en roc, roule de cime en cime,
Et de sa chûte immense ébranle au loin l'abyme :
Les hameaux sont détruits et les bois emportés;
On cherche en vain la place où furent les cités,
Et sous le vent lointain de ces Alpes qui tombent,
Avant d'être frappés les voyageurs succombent.
Ainsi quand des excès suivis d'excès nouveaux
D'un état par degrés ont préparé les maux,
De malheur en malheur sa chûte se consomme :
Tyr n'est plus, Thèbes meurt, et les yeux cherchent Rome!
O France, ô ma patrie! ô séjour de douleurs[16]!
Mes yeux à ces pensers se sont mouillés de pleurs.

Vos pas sont-ils lassés de ces sites sauvages?
Eh bien! redescendez dans ces frais paysages;
Là le long des vallons, au bord des clairs ruisseaux,
De fertiles vergers, d'aimables arbrisseaux,
Et des arbres pompeux, et des fleurs odorantes,
Viennent vous étaler leurs races différentes.
Quel nouvel intérêt ils donnent à vos champs!

TROISIÈME CHANT.

Observez leurs couleurs, leurs formes, leurs penchants,
Leurs amours, leurs hymens, la greffe et ses prodiges;
Comment, des sauvageons civilisant les tiges,
L'art corrige leurs fruits, leur prête des rameaux,
Et peuple ces vergers de citoyens nouveaux;
Comment, dans les canaux où sa course s'achève,
Dans ses balancements monte et descend la sève [17];
Comment le suc enfin de la même liqueur
Forme le bois, la feuille, et le fruit, et la fleur.

Et les humbles tribus, le peuple immense d'herbes
Qu'effleure l'ignorant de ses regards superbes,
N'ont-ils pas leurs beautés et leurs bienfaits divers?
Le même Dieu créa la mousse et l'univers.
De leurs secrets pouvoirs connoissez les mystères [18],
Leurs utiles vertus, leurs poisons salutaires [19]:
Par eux autour de vous rien n'est inhabité,
Et même le désert n'est jamais sans beauté;
Souvent, pour visiter leurs riantes peuplades,
Vous dirigez vers eux vos douces promenades,
Soit que vous parcouriez les coteaux de Marli,
Ou le riche Meudon, ou le frais Chantilli.

Et voulez-vous encore embellir le voyage?
Qu'une troupe d'amis avec vous le partage;
La peine est plus légère et le plaisir plus doux:

Le jour vient, et la troupe arrive au rendez-vous.
Ce ne sont point ici de ces guerres barbares
Où les accents du cor et le bruit des fanfares
Épouvantent de loin les hôtes des forêts ;
Paissez, jeunes chevreuils, sous vos ombrages frais ;
Oiseaux, ne craignez rien : ces chasses innocentes
Ont pour objets les fleurs, les arbres, et les plantes ;
Et des prés et des bois, et des champs et des monts,
Le porte-feuille avide attend déjà les dons.
On part : l'air du matin, la fraîcheur de l'aurore
Appellent à l'envi les disciples de Flore.
Jussieu marche à leur tête ; il parcourt avec eux
Du règne végétal les nourrissons nombreux :
Pour tenter son savoir quelquefois leur malice
De plusieurs végétaux compose un tout factice ;
Le sage l'apperçoit, sourit avec bonté,
Et rend à chaque plant son débris emprunté[20].
Chacun dans sa recherche à l'envi se signale ;
Étamine, pistil, et corolle, et pétale,
On interroge tout. Parmi ces végétaux
Les uns vous sont connus, d'autres vous sont nouveaux :
Vous voyez les premiers avec reconnoissance,
Vous voyez les seconds des yeux de l'espérance ;
L'un est un vieil ami qu'on aime à retrouver,
L'autre est un inconnu que l'on doit éprouver.
Et quel plaisir encor lorsque des objets rares,

TROISIÈME CHANT.

Dont le sol, le climat, et le ciel sont avares,
Rendus par votre attente encor plus précieux,
Par un heureux hasard se montrent à vos yeux!
Voyez quand la pervenche, en nos champs ignorée,
Offre à Rousseau sa fleur si long-temps désirée;
La pervenche, grand Dieu! la pervenche! Soudain
Il la couve des yeux, il y porte la main,
Saisit sa douce proie: avec moins de tendresse
L'amant voit, reconnoît, adore sa maîtresse.

Mais le besoin commande: un champêtre repas,
Pour ranimer leur force, a suspendu leurs pas;
C'est au bord des ruisseaux, des sources, des cascades:
Bacchus se rafraîchit dans les eaux des Naïades
Des arbres pour lambris, pour tableaux l'horizon,
Les oiseaux pour concert, pour table le gazon;
Le laitage, les œufs, l'abricot, la cerise,
Et la fraise des bois, que leurs mains ont conquise [21],
Voilà leurs simples mets: grace à leurs doux travaux
Leur appétit insulte à tout l'art des Méots [22].
On fête, on chante Flore et l'antique Cybèle,
Éternellement jeune, éternellement belle:
Leurs discours ne sont pas tous ces riens si vantés,
Par la mode introduits, par la mode emportés;
Mais la grandeur d'un Dieu, mais sa bonté féconde,
La nature immortelle, et les secrets du monde.

La troupe enfin se lève; on vole de nouveau
Des bois à la prairie, et des champs au coteau;
Et le soir dans l'herbier, dont les feuilles sont prêtes,
Chacun vient en triomphe apporter ses conquêtes [23].

Aux plantes toutefois le destin n'a donné
Qu'une vie imparfaite et qu'un instinct borné.
Moins étrangers à l'homme, et plus près de son être,
Les animaux divers sont plus doux à connoître:
Les uns sont ses sujets, d'autres ses ennemis;
Ceux-ci ses compagnons, et ceux-là ses amis.
Suivez, étudiez ces familles sans nombre;
Ceux que cachent les bois, qu'abrite un antre sombre;
Ceux dont l'essaim léger perche sur des rameaux,
Les hôtes de vos cours, les hôtes des hameaux;
Ceux qui peuplent les monts, qui vivent sous la terre;
Ceux que vous combattez, qui vous livrent la guerre;
Étudiez leurs mœurs, leurs ruses, leurs combats,
Et sur-tout les degrés si fins, si délicats,
Par qui l'instinct changeant de l'échelle vivante
Ou s'élève vers l'homme, ou descend vers la plante.

C'est peu; pour vous donner un intérêt nouveau,
De ces vastes objets rassemblez le tableau:
Que d'un lieu préparé l'étroite enceinte assemble
Les trois règnes rivaux, étonnés d'être ensemble;

Que chacun ait ici ses tiroirs, ses cartons;
Que, divisés par classe, et rangés par cantons,
Ils offrent de plaisir une source féconde,
L'extrait de la nature et l'abrégé du monde.

Mais plutôt réprimez de trop vastes projets;
Contentez-vous d'abord d'étaler les objets
Dont le ciel a pour vous peuplé votre domaine,
Sur qui votre regard chaque jour se promène:
Nés dans vos propres champs ils vous en plairont mieux.
Entre les minéraux présentez à nos yeux
Les terres et les sels, le soufre, le bitume;
La pyrite, cachant le feu qui la consume;
Les métaux colorés et les brillants crystaux,
Nobles fils du rocher, aussi purs que ses eaux;
L'argile à qui le feu donna l'éclat du verre [24],
Et les bois que les eaux ont transformés en pierre [25],
Soit qu'un limon durci les recouvre au dehors,
Soit que des sucs pierreux aient pénétré leurs corps;
Enfin tous ces objets, combinaison féconde
De la flamme, de l'air, de la terre, et de l'onde.

D'un œil plus curieux et plus avide encor
Du règne végétal je cherche le trésor.
Là sont en cent tableaux, avec art mariées,
Du varec, fils des mers, les teintes variées;

Le lichen parasite, aux chênes attaché [26],
Le puissant agaric, qui du sang épanché [27]
Arrête les ruisseaux, et dont le sein fidèle
Du caillou pétillant recueille l'étincelle ;
Le nénuphar, ami de l'humide séjour [28],
Destructeur des plaisirs et poison de l'amour,
Et ces rameaux vivants, ces plantes populeuses [29],
De deux règnes rivaux races miraculeuses.

Dans le monde vivant même variété :
Le contraste sur-tout en fera la beauté.
Un même lieu voit l'aigle et la mouche légère,
Les oiseaux du climat, la caille passagère,
L'ours à la masse informe, et le léger chevreuil,
Et la lente tortue, et le vif écureuil ;
L'animal recouvert de son épaisse croûte [30],
Celui dont la coquille est arrondie en voûte [31] ;
L'écaille du serpent, et celle du poisson,
Le poil uni du rat, les dards du hérisson ;
Le nautile, sur l'eau dirigeant sa gondole [32] ;
La grue, au haut des airs naviguant sans boussole ;
Le perroquet, le singe, imitateurs adroits,
L'un des gestes de l'homme, et l'autre de sa voix ;
Les peuples casaniers, les races vagabondes ;
L'équivoque habitant de la terre et des ondes [33],
Et les oiseaux rameurs [34], et les poissons ailés [35].

TROISIÈME CHANT. 117

Vous-mêmes dans ces lieux vous serez appelés,
Vous, le dernier degré de cette grande échelle,
Vous, insectes sans nombre, ou volants ou sans aile,
Qui rampez dans les champs, sucez les arbrisseaux,
Tourbillonnez dans l'air, ou jouez sur les eaux.

Là je place le ver, la nymphe, la chenille;
Son fils, beau parvenu, honteux de sa famille;
L'insecte de tout rang et de toutes couleurs,
L'habitant de la fange et les hôtes des fleurs,
Et ceux qui, se creusant un plus secret asile,
Des tumeurs d'une feuille ont fait leur domicile[36];
Le ver rongeur des fruits, et le ver assassin,
En rubans animés vivant dans notre sein[37].
J'y veux voir de nos murs la tapissière agile,
La mouche qui bâtit[38], et la mouche qui file[39];
Ceux qui d'un fil doré composent leur tombeau[40],
Ceux dont l'amour dans l'ombre allume le flambeau[41];
L'insecte dont un an borne la destinée[42];
Celui qui naît, jouit, et meurt dans la journée,
Et dont la vie au moins n'a pas d'instants perdus.
Vous tous, dans l'univers en foule répandus,
Dont les races, sans fin, sans fin se renouvellent,
Insectes, paroissez, vos cartons vous appellent;
Venez avec l'éclat de vos riches habits,
Vos aigrettes, vos fleurs, vos perles, vos rubis,

Et ces fourreaux brillants, et ces étuis fidèles,
Dont l'écaille défend la gaze de vos ailes [43];
Ces prismes, ces miroirs, savamment travaillés,
Ces yeux qu'avec tant d'art la nature a taillés [44],
Les uns semés sur vous en brillants microscopes,
D'autres se déployant en de longs télescopes;
Montrez-moi ces fuseaux, ces tarrières, ces dards,
Armes de vos combats, instruments de vos arts [45],
Et les filets prudents de ces longues antennes
Qui sondent devant vous les routes incertaines.
Que j'observe de près ces clairons, ces tambours [46],
Signal de vos fureurs, signal de vos amours,
Qui guidoient vos héros dans les champs de la gloire,
Et sonnoient le danger, la charge, et la victoire;
Enfin tous ces ressorts, organes merveilleux [47],
Qui confondent des arts le savoir orgueilleux,
Chefs-d'œuvre d'une main en merveilles féconde,
Dont un seul prouve un Dieu, dont un seul vaut un monde.

Tel est le triple empire à vos ordres soumis;
De nouveaux citoyens sans cesse y sont admis.
Cette ardeur d'acquérir, que chaque jour augmente,
Vous embellira tout: une pierre, une plante,
Un insecte qui vole, une fleur qui sourit,
Tout vous plaît, tout vous charme, et déjà votre esprit
Voit le rang, le gradin, la tablette fidèle,

Tout prêts à recevoir leur richesse nouvelle;
Et peut-être en secret déjà vous flattez-vous
Du dépit d'un rival et d'un voisin jaloux.
Là les yeux sont charmés, la pensée est active,
L'imagination n'y reste point oisive;
Et quand par les frimas vous êtes retenus,
Elle part, elle vole aux lieux, aux champs connus;
Elle revoit le bois, le coteau, la prairie,
Où, s'offrant tout-à-coup à votre rêverie,
Une fleur, un arbuste, un caillou précieux
Vint suspendre vos pas, et vint frapper vos yeux.

Et lorsque vous quittez enfin votre retraite,
Combien des souvenirs l'illusion secrète
Des campagnes pour vous embellit le tableau !
Là votre œil découvrit un insecte nouveau;
Ici la mer, couvrant ou quittant son rivage,
Vous fit don d'un fucus, ou d'un beau coquillage:
Là sortit de la mine un riche échantillon;
Ici, nouveau pour vous, un brillant papillon
Fut surpris sur ces fleurs, et votre main avide
De son règne incomplet courut remplir le vide.
Vous marchez; vos trésors, vos plaisirs sont par-tout.

Cependant arrangez ces trésors avec goût;
Que dans tous vos cartons un ordre heureux réside;

Qu'à vos compartiments avec grace préside
La propreté, l'aimable et simple propreté,
Qui donne un air d'éclat même à la pauvreté.
Sur-tout des animaux consultez l'habitude ;
Conservez à chacun son air, son attitude,
Son maintien, son regard : que l'oiseau semble encor,
Perché sur son rameau, méditer son essor ;
Avec son air frippon montrez-nous la belette
A la mine alongée, à la taille fluette ;
Et, sournois dans son air, rusé dans son regard,
Qu'un projet d'embuscade occupe le renard ;
Que la nature enfin soit par-tout embellie,
Et même après la mort y ressemble à la vie [48].

Laissez aux cabinets des villes et des rois
Ces corps où la nature a violé ses lois,
Ces fœtus monstrueux, ces corps à double tête,
La momie à la mort disputant sa conquête,
Et ces os de géant, et l'avorton hideux
Que l'être et le néant réclamèrent tous deux [49].
Mais si quelque oiseau cher, un chien, ami fidèle,
A distrait vos chagrins, vous a marqué son zèle,
Au lieu de lui donner les honneurs du cercueil
Qui dégradent la tombe et profanent le deuil,
Faites-en dans ces lieux la simple apothéose,
Que dans votre Élysée avec grace il repose ;

TROISIÈME CHANT.

C'est là qu'on peut le voir : c'est là que tu vivrois,
O toi, dont La Fontaine eût vanté les attraits,
O ma chère Raton! qui, rare en ton espèce,
Eus la grâce du chat et du chien la tendresse;
Qui, fière avec douceur et fine avec bonté,
Ignoras l'égoïsme à ta race imputé :
Là je voudrois te voir telle que je t'ai vue,
De ta molle fourrure élégamment vêtue,
Affectant l'air distrait, jouant l'air endormi,
Épier une mouche, ou le rat ennemi,
Si funeste aux auteurs, dont la dent téméraire
Ronge indifféremment Dubartas [5°] ou Voltaire;
Ou telle que tu viens, minaudant avec art,
De mon sobre dîner solliciter ta part;
Ou bien, le dos en voûte et la queue ondoyante,
Offrir ta douce hermine à ma main caressante,
Ou déranger gaîment par mille bonds divers
Et la plume et la main qui t'adressa ces vers.

FIN DU TROISIÈME CHANT.

Témoins de mes beaux jours, de mes premiers désirs,
Beaux lieux ! qu'avez-vous fait de mes premiers plaisirs ?

Chant IV.

L'HOMME
DES CHAMPS.

QUATRIEME CHANT.

ARGUMENT.

Le Paysagiste, ou l'art de chanter des plaisirs champêtres.

1° Bonheur de celui qui peint la vie champêtre. 2° Préceptes sur l'art de la peindre. Exemple dans Horace (*sujet de la première vignette*). 3° Les préceptes réduits en exemples dans les principaux phénomènes de la nature, et ses richesses dépeintes dans une suite de tableaux. 4° Le peintre de la nature doit animer son tableau en y plaçant l'homme, ou l'égayer par des animaux; mais les animaux doivent conserver leurs mœurs: dans Homère le chien d'Ulysse meurt à ses pieds en retrouvant son maître (*sujet de la seconde vignette*). Autres exemples tirés de Virgile et de Lucrèce. 5° Il doit prêter une ame à tous les objets de la nature, ajouter au charme de la réalité celui des affections morales (le retour du poëte dans son lieu natal, *sujet de la gravure de ce chant*); il doit l'animer par les contrastes (J. J. Rousseau à Paris, et regrets du poëte d'être éloigné des champs); être vrai dans les portraits (exemples divers d'harmonie imitative); et entremêler les leçons de tableaux vrais. Mais le précepte le plus fécond du beau et du grand est l'étude de Virgile. Apostrophe à ce grand poëte.

QUATRIEME CHANT.

Oui, les riches aspects et des champs et de l'onde
D'intéressants tableaux sont la source féconde:
Oui, toujours je revois avec un plaisir pur
Dans l'azur de ces lacs briller ce ciel d'azur,
Ces fleuves s'épancher en nappes transparentes,
Ces gazons serpenter le long des eaux errantes,
Se noircir ces forêts et jaunir les moissons,
En de riants bassins s'enfoncer ces vallons,
Les monts porter les cieux sur leurs têtes hautaines,
Et s'étendre à leur pied l'immensité des plaines;
Tandis que, colorant tous ces tableaux divers,
Le soleil marche en pompe autour de l'univers.

Heureux qui, contemplant cette scène imposante,
Jouit de ses beautés! plus heureux qui les chante!
Pour lui tout s'embellit; il rassemble à son choix
Les agréments épars et des champs et des bois,
Et dans ses vers brillants, rivaux de la nature,
Ainsi que des objets jouit de leur peinture.

Mais loin ces écrivains dont le vers ennuyeux
Nous dit ce que cent fois on a dit encor mieux!
Insipides rimeurs, n'avez-vous pas encore
Épuisé, dites-moi, tous les parfums de Flore?
Entendrai-je toujours les bonds de vos troupeaux?
Faut-il toujours dormir au bruit de vos ruisseaux?
Zéphir n'est-il point las de caresser la rose,
De ses jeunes boutons depuis long-temps éclose?
Et l'écho de vos vers ne peut-il une fois
Laisser dormir en paix les échos de nos bois?
Peut-on être si pauvre en chantant la nature?
Oh! que plus varié, moins vague en sa peinture,
Horace nous décrit en vers délicieux
Ce pâle peuplier, ce pin audacieux,
Ensemble mariant leurs rameaux frais et sombres,
Et prêtant au buveur l'hospice de leurs ombres;
Tandis qu'un clair ruisseau, se hâtant dans son cours,
Fuit, roule, et de son lit abrège les détours[2]!

La nature en ses vers semble toujours nouvelle,
Et vos vers en naissant sont déjà vieux comme elle.

Ah! c'est que pour les peindre il faut aimer les champs;
Mais, hélas! insensible à leurs charmes touchants,
Des rimeurs citadins la muse peu champêtre
Les peint sans les aimer, souvent sans les connoître;
A peine ils ont goûté la paix de leur séjour,
La fraîcheur d'un beau soir, ou l'aube d'un beau jour:
Aussi lisez leurs vers; on connoît à leur style
Dans ces peintres des champs les amis de la ville;
Voyez-les prodiguer, toujours riches de mots,
L'émeraude des prés et le crystal des flots;
L'Aurore, sans briller sur un trône d'opale,
Ne peut point éclairer la rive orientale;
Le pourpre et le saphir forment ses vêtements:
Répand-elle des fleurs? ce sont des diamants!
Ils vont puiser à Tyr, vont chercher au Potose
Le teint de la jonquille et celui de la rose:
Ainsi, d'or et d'argent, de perles, de rubis,
De la simple nature ils chargent les habits;
Et, croyant l'embellir, leur main la défigure.

Puisque la poésie est sœur de la peinture,
Écoutez de Zeuxis ces mots trop peu connus.

Un artiste novice osoit peindre Vénus :
Ce n'étoient point ces traits et ces graces touchantes,
D'un buste harmonieux les rondeurs élégantes,
Ces contours d'un beau sein, ces bras voluptueux ;
Ce n'étoit point Vénus ; son pinceau fastueux
Avoit prodigué l'or, l'argent, les pierreries,
Et Cypris se perdoit sous d'amples draperies.
Que fais-tu, malheureux? dit Zeuxis irrité ;
Tu nous peins la richesse, et non pas la beauté !

Rimeur sans goût, ce mot vous regarde vous-même :
Je le répète, il faut peindre ce que l'on aime.
N'imitez pas pourtant ces auteurs trop soigneux,
Qui, des beautés des champs amants minutieux,
Préférant dans leurs vers Linnéus à Virgile,
Prodiguent des objets un détail inutile,
Sur le plus vil insecte épuisent leurs pinceaux,
Et la loupe à la main composent leurs tableaux :
C'est un peintre sans goût, dont le soin ridicule,
En peignant une femme, imite avec scrupule
Ses ongles, ses cheveux, les taches de son sein.

Vous, peignez plus en grand. Au retour du matin
Avez-vous quelquefois, du sommet des montagnes,
Embrassé d'un coup-d'œil la scène des campagnes,
Les fleuves, les moissons, les vallons, les coteaux,

QUATRIÈME CHANT.

Les bois, les champs, les prés blanchis par les troupeaux,
Et, dans l'enfoncement de l'horizon bleuâtre,
De ces monts fugitifs le long amphithéâtre?
Voilà votre modèle. Imitez dans vos vers
Ces masses de beautés et ces groupes divers.

Je sais qu'un peintre adroit du fond d'un paysage
De quelque objet saillant peut détacher l'image :
Mais ne choisissez point ces objets au hasard ;
Pour la belle nature épuisez tout votre art :
Cependant laissez croire à la foule grossière
Que la belle nature est toujours régulière ;
Ces arbres arrondis, droits, et majestueux,
Peignez-les, j'y consens ; mais ce tronc tortueux,
Qui, bizarre en sa masse, informe en sa parure,
Et jetant au hasard des touffes de verdure,
Étend ses bras pendants sur des rochers déserts,
Dans ses brutes beautés mérite aussi vos vers :
Jusque dans ses horreurs la nature intéresse.

Nature, ô séduisante et sublime déesse,
Que tes traits sont divers ! Tu fais naître dans moi
Ou les plus doux transports, ou le plus saint effroi.
Tantôt dans nos vallons, jeune, fraîche, et brillante,
Tu marches, et, des plis de ta robe flottante
Secouant la rosée et versant les couleurs,

Tes mains sèment les fruits, la verdure, et les fleurs :
Les rayons d'un beau jour naissent de ton sourire ;
De ton souffle léger s'exhale le zéphire,
Et le doux bruit des eaux, le doux concert des bois,
Sont les accents divers de ta brillante voix :
Tantôt dans les déserts, divinité terrible,
Sur des sommets glacés plaçant ton trône horrible,
Le front ceint de vieux pins s'entrechoquant dans l'air,
Des torrents écumeux battent tes flancs ; l'éclair
Sort de tes yeux ; ta voix est la foudre qui gronde,
Et du bruit des volcans épouvante le monde.

Oh ! qui pourra saisir dans leur variété
De tes riches aspects la changeante beauté ?
Qui peindra d'un ton vrai tes ouvrages sublimes,
Depuis les monts altiers jusqu'aux profonds abymes,
Depuis ces bois pompeux, dans les airs égarés,
Jusqu'à la violette, humble amante des prés ?

Quelquefois, oubliant nos simples paysages,
Cherchez sous d'autres cieux de plus grandes images :
Passez les mers ; volez aux lieux où le soleil
Donne aux quatre saisons un plus riche appareil ;
Sous le ciel éclatant de cette ardente zone
Montrez-nous l'Orénoque et l'immense Amazone,
Qui, fiers enfants des monts, nobles rivaux des mers,

Et baignant la moitié de ce vaste univers,
Épuisent, pour former les trésors de leur onde,
Les plus vastes sommets qui dominent le monde,
Baignent d'oiseaux brillants un innombrable essaim,
De masses de verdure enrichissent leur sein ;
Tantôt, se déployant avec magnificence,
Voyagent lentement, et marchent en silence ;
Tantôt avec fracas précipitent leurs flots,
De leurs mugissements fatiguent les échos,
Et semblent, à leurs poids, à leur bruyant tonnerre,
Plutôt tomber des cieux que rouler sur la terre :
Peignez de ces beaux lieux les oiseaux et les fleurs,
Où le ciel prodigua le luxe des couleurs ;
De ces vastes forêts l'immensité profonde,
Noires comme la nuit, vieilles comme le monde ;
Ces bois indépendants, ces champs abandonnés ;
Ces vergers, du hasard enfants désordonnés ;
Ces troupeaux sans pasteurs, ces moissons sans culture ;
Enfin cette imposante et sublime nature
Près de qui l'Apennin n'est qu'un humble coteau,
Nos forêts des buissons, le Danube un ruisseau.

Tantôt de ces beaux lieux, de ces plaines fécondes,
Portez-nous dans les champs sans verdure, sans ondes,
D'où s'exile la vie et la fécondité :
Peignez-nous, dans leur triste et morne aridité,

8.

Des sables africains l'espace solitaire,
Qu'un limpide ruisseau jamais ne désaltère :
Que l'ardeur du climat, la soif de ces déserts
Embrase vos tableaux et brûle dans vos vers ;
Que l'hydre épouvantable à longs plis les sillonne ;
Que, gonflé du poison dont tout son sang bouillonne,
L'affreux dragon s'y dresse, et de son corps vermeil
Allume les couleurs aux rayons du soleil :
Livrez à l'ouragan cette arène mouvante ;
Que le tigre et l'hyène y portent l'épouvante,
Et que du fier lion la rugissante voix
Proclame le courroux du monarque des bois.

Tantôt vous nous portez aux limites du monde,
Où l'hiver tient sa cour, où l'aquilon qui gronde
Sans cesse fait partir de son trône orageux
Et le givre piquant et les flocons neigeux,
Et des frimas durcis les balles bondissantes,
Sur la terre sonore au loin retentissantes.
Tracez toute l'horreur de ce ciel rigoureux,
Que tout le corps frissonne à ces récits affreux.
Mais ces lieux ont leur pompe et leur beauté sauvage :
Du palais des frimas présentez-nous l'image ;
Ces prismes colorés, ce luxe des hivers,
Qui, se jouant aux yeux en cent reflets divers,
Brise des traits du jour les flèches transparentes,

Se suspend aux rochers en aiguilles brillantes,
Tremble sur les sapins en mobiles crystaux,
D'une écorce de glace entoure les roseaux,
Recouvre les étangs, les lacs, les mers profondes,
Et change en bloc d'azur leurs immobiles ondes;
Éblouissant désert, brillante immensité,
Où, sur son char glissant légèrement porté,
Le rapide Lappon court, vole, et de ses rennes,
Coursiers de ces climats, laisse flotter les rênes.

Ainsi vous parcourez mille sites divers :
Mais bientôt, revenu dans des climats plus chers,
Plus doux dans leur été, plus doux dans leur froidure,
Et d'un ciel sans rigueur molle température,
Vous nous rendez nos prés, nos bois, nos arbrisseaux,
Les nids de nos buissons, le bruit de nos ruisseaux,
Nos fruits qu'un teint moins vif plus doucement colore,
Notre simple Palès, notre modeste Flore ;
Et, pauvre de couleurs, mais riche de sa voix,
Le rossignol encore enchantera nos bois.

Mais n'allez pas non plus toujours peindre et décrire :
Dans l'art d'intéresser consiste l'art d'écrire.
Souvent dans vos tableaux placez des spectateurs,
Sur la scène des champs amenez des acteurs ;
Cet art de l'intérêt est la source féconde.

Oui, l'homme aux yeux de l'homme est l'ornement du monde:
Les lieux les plus riants sans lui nous touchent peu;
C'est un temple désert qui demande son dieu;
Avec lui, mouvement, plaisir, gaîté, culture,
Tout renaît, tout revit: ainsi qu'à la nature
La présence de l'homme est nécessaire aux arts;
C'est lui dans vos tableaux que cherchent nos regards.
Peuplez donc ces coteaux de jeunes vendangeuses,
Ces vallons de bergers, et ces eaux de baigneuses,
Qui, timides, à peine osant aux flots discrets
Confier le trésor de leurs charmes secrets,
Semblent en tressaillant, dans leurs frayeurs extrêmes,
Craindre leurs propres yeux, et rougir d'elles-mêmes;
Tandis que, les suivant sous le crystal de l'eau,
Un Faune du feuillage entr'ouvre le rideau.

Tantôt, de la pitié prenant le doux langage,
Peignez en vers touchants les malheurs du village:
Montrez-nous l'ouragan et ses noirs tourbillons
De leur naissant espoir dépouillant les sillons;
Les torrents destructeurs, la grêle impitoyable,
Et ce fléau cruel, cent fois plus effroyable,
Qui désole les champs, dépeuple les hameaux,
Et tourmente à la fois l'homme et les animaux,
La corvée! A ce nom les cabanes gémissent,

Les fruits sont desséchés, les moissons se flétrissent.
Mais pourquoi ce concours, ces urnes, ces billets?
Ah! Mars vient demander des soldats à Cérès.
Dans le cirque fatal le village s'assemble:
Les noms sont agités; tout attend et tout tremble:
Chaque père en secret déjà se sent frémir;
Quelles sœurs vont pleurer? quelles mères gémir?
Les noms sortent! soudain sur les fronts se déploie
D'un côté la douleur et de l'autre la joie;
Et tandis qu'un vieillard embrasse avec transport
Son fils, son tendre fils, favorisé du sort,
Le jeune infortuné que le destin condamne
A d'un dernier regard salué sa cabane:
Heureux si quelque jour il revient sous ses toits
Au foyer paternel raconter ses exploits!

Peignez-nous ces malheurs; mais des maux du village
Gardez de prolonger la déchirante image:
Et quand vous avez peint ces tableaux désolants,
Offrez vîte, offrez-nous des tableaux consolants:
Présentez à nos yeux la douce bienfaisance
Dans son réduit secret surprenant l'indigence,
Prévenant ses besoins, corrigeant par ses dons
Et les rigueurs du ciel et l'oubli des saisons;
Ou des jeux villageois la scène variée,

Les noces du hameau, la jeune mariée,
Triste et gaie à la fois, et d'un air gracieux
Abandonnant sa main et détournant ses yeux.

 Vous n'irez pas non plus, dans vos tableaux vulgaires,
Peindre toujours des champs les fêtes populaires,
Les noces de Colin, les danses sous l'ormeau :
Souvent le luxe même, au modeste hameau
Des champêtres plaisirs empruntant l'innocence,
Y donne un air riant à sa magnificence ;
Et souvent les ruisseaux, les bosquets, et les fleurs,
De la fête des grands ont fait tous les honneurs.
Ainsi quand, dérobant à l'ombre du mystère
Ses talents en secret cultivés par sa mère,
Pareille au doux rayon prélude d'un beau jour,
La belle Géorgine apparut à la cour,
Pour fêter son succès, d'une mère idolâtre
Le goût ne choisit pas la ville pour théâtre ;
Un jardin fut la scène, et des fleurs l'ornement ;
Le bosquet à des fleurs dut son luxe charmant ;
Les fleurs d'un temple agreste embrassoient les colonnes,
Serpentoient en festons, s'enlaçoient en couronnes :
Que dis-je ? tout prend part à ce triomphe heureux ;
Mars prête aux doux plaisirs ses fifres belliqueux ;
Le tambour retentit, les trompettes moins fières
Adoucissent le ton des fanfares guerrières :

Ici, la rame en main, de jeunes matelots
Du courant ombragé fendent gaîment les flots;
Là, suspendue en l'air, la beauté se balance;
Là folâtrent les jeux, ailleurs s'ouvre la danse:
La belle Géorgine, à la tête des chœurs,
Est la rose liant une chaîne de fleurs;
Tout l'admire: sa mère elle-même s'étonne;
C'est Diane dansant sous les yeux de Latone.
Empressé de la joindre aux Nymphes de sa cour,
L'Hymen de loin la suit et la montre à l'Amour.
Mais enfin le soir vient, et sur son char d'ébène
La nuit de ce beau jour ferme à regret la scène;
Et des pas de la danse, et des tons du hautbois,
Déjà les derniers sons vont mourir dans les bois:
Tout part: mais d'un beau lieu, d'un beau jour, du bel âge,
Heureux, vous emportez l'attendrissante image;
Et l'homme, et ses plaisirs, ses fêtes, ses concerts,
De votre cœur ému vont passer dans vos vers.

Que si l'homme est absent de vos tableaux rustiques,
Quel peuple d'animaux sauvages, domestiques,
Courageux ou craintifs, rebelles ou soumis,
Esclaves patients ou généreux amis,
Dont le lait vous nourrit, dont vous filez la laine,
D'acteurs intéressants vient occuper la scène?
Ceux qui de Wouvermans exerçoient les pinceaux,

Qui du riant Berghem animoient les tableaux,
Ne vous disent-ils rien ? La lyre du poëte
Ne peut-elle du peintre égaler la palette ?
Ah ! soyez peintre aussi : venez ; à votre voix
Les hôtes de la plaine, et des monts, et des bois,
S'en vont donner la vie au plus froid paysage :
Là, dès qu'un vent léger fait frémir le feuillage,
Aussi tremblant que lui, le timide chevreuil
Fuit, plus prompt que l'éclair, plus rapide que l'œil ;
Ici, des prés fleuris paissant l'herbe abondante,
La vache gonfle en paix sa mamelle pendante,
Et son folâtre enfant se joue à son côté :
Plus loin, fier de sa race, et sûr de sa beauté,
S'il entend ou le cor ou le cri des cavales,
De son serrail nombreux hennissantes rivales,
Du rempart épineux qui borde le vallon,
Indocile, inquiet, le fougueux étalon
S'échappe, et libre enfin, bondissant et superbe,
Tantôt d'un pied léger à peine effleure l'herbe,
Tantôt demande aux vents les objets de ses feux,
Tantôt, vers la fraîcheur d'un bain voluptueux,
Fier, relevant ses crins que le zéphir déploie,
Vole, et frémit d'orgueil, de jeunesse et de joie ;
Ses pas dans vos accents retentissent encor[3].

Voulez-vous d'intérêts un plus riche trésor ?

Dans tous ces animaux peignez les mœurs humaines;
Donnez-leur notre espoir, nos plaisirs, et nos peines,
Et par nos passions rapprochez-les de nous.
En vain le grand Buffon, de leur gloire jaloux,
Peu d'accord avec soi, dans sa prose divine
Voulut ne voir en eux qu'une adroite machine,
Qu'une argile mouvante, et d'aveugles ressorts
D'une grossière vie organisant leurs corps:
Buffon les peint; chacun de sa main immortelle
Du feu de Prométhée obtint une étincelle:
Le chien eut la tendresse et la fidélité;
Le bœuf la patience et la docilité;
Et, fier de porter l'homme, et sensible à la gloire,
Le coursier partagea l'orgueil de la victoire.
Ainsi chaque animal, rétabli dans ses droits,
Lui dut un caractère, et des mœurs, et des lois.
Mais que dis-je? Déjà l'auguste poésie
Avoit donné l'exemple à la philosophie:
C'est elle qui toujours, dans ses riches tableaux,
Unit les dieux à l'homme, et l'homme aux animaux.
Voyez-vous dans Homère, aux siècles poétiques,
Les héros haranguant leurs coursiers héroïques?
Ulysse est de retour; ô spectacle touchant!
Son chien le reconnoît, et meurt en le léchant.

Et toi, Virgile, et toi, trop éloquent Lucrèce,

Aux mœurs des animaux que votre art intéresse!
Avec le laboureur je détèle en pleurant
Le taureau qui gémit sur son frère expirant[1].
Les chefs d'un grand troupeau se déclarent la guerre;
Au bruit dont leurs débats font retentir la terre
Mon œil épouvanté ne voit plus deux taureaux;
Ce sont deux souverains, ce sont deux fiers rivaux,
Armés pour un empire, armés pour une Hélène,
Brûlant d'ambition, enflammés par la haine:
Tous deux, le front baissé, s'entrechoquent; tous deux,
De leur large fanon battant leur cou nerveux,
Mugissent de douleur, d'amour, et de vengeance:
Le vaste Olympe en gronde, et la foule en silence
Attend, intéressée à ces sanglants assauts,
A qui doit demeurer l'empire des troupeaux[5].

Voulez-vous un tableau d'un plus doux caractère?
Regardez la génisse, inconsolable mère:
Hélas! elle a perdu le fruit de ses amours!
De la noire forêt parcourant les détours,
Ses longs mugissements en vain le redemandent;
A ses cris, que les monts, que les rochers lui rendent,
Lui seul ne répond point; l'ombre, les frais ruisseaux,
Roulant sur des cailloux leurs diligentes eaux,
La saussaie encor fraîche et de pluie arrosée,
L'herbe où tremblent encor les gouttes de rosée,

QUATRIÈME CHANT. 141

Rien ne la touche plus : elle va mille fois
Et du bois à l'étable, et de l'étable au bois,
S'en éloigne plaintive, y revient éplorée,
Et s'en retourne enfin seule et désespérée[6] :
Quel cœur n'est point ému de ses tendres regrets !

Même aux eaux, même aux fleurs, même aux arbres muets,
La poésie encore, avec art mensongère,
Ne peut-elle prêter une ame imaginaire ?
Tout semble concourir à cette illusion.
Voyez l'eau caressante embrasser le gazon,
Ces arbres s'enlacer, ces vignes tortueuses
Embrasser les ormeaux de leurs mains amoureuses,
Et, refusant les sucs d'un terrain ennemi,
Ces racines courir vers un sol plus ami :
Ce mouvement des eaux et cet instinct des plantes
Suffit pour enhardir vos fictions brillantes ;
Donnez-leur donc l'essor : que le jeune bouton
Espère le zéphire et craigne l'aquilon ;
A ce lis altéré versez l'eau qu'il implore ;
Formez dans ses beaux ans l'arbre docile encore ;
Que ce tronc, enrichi de rameaux adoptés,
Admire son ombrage et ses fruits empruntés ;
Et si le jeune cep prodigue son feuillage,
Demandez grace au fer en faveur de son âge.
Alors, dans ces objets croyant voir mes égaux,

La douce sympathie, à leurs biens, à leurs maux
Trouve mon cœur sensible, et votre heureuse adresse
Me surprend pour un arbre un moment de tendresse.

Il est d'autres secrets : quelquefois à nos yeux
D'aimables souvenirs embellissent les lieux.
J'aime en vos vers ce riche et brillant paysage ;
Mais si vous ajoutez : « Là de mon premier âge
« Coulèrent les moments ; là je sentis s'ouvrir
« Mes yeux à la lumière et mon cœur au plaisir » ;
Alors vous réveillez un souvenir que j'aime ;
Alors mon cœur revole au moment où moi-même
J'ai revu les beaux lieux qui m'ont donné le jour.

O champs de la Limagne ! ô fortuné séjour [7] !
Hélas ! j'y revolois après vingt ans d'absence :
A peine le Mont-d'Or, levant son front immense,
Dans un lointain obscur apparut à mes yeux,
Tout mon cœur tressaillit ; et la beauté des lieux,
Et les riches coteaux, et la plaine riante,
Mes yeux ne voyoient rien ; mon ame impatiente,
Des rapides coursiers accusant la lenteur,
Appeloit, imploroit ce lieu cher à mon cœur :
Je le vis ; je sentis une joie inconnue :
J'allois, j'errois ; par-tout où je portois la vue
En foule s'élevoient des souvenirs charmants :

QUATRIÈME CHANT.

Voici l'arbre témoin de mes amusements ;
C'est ici que Zéphir de sa jalouse haleine
Effaçoit mes palais dessinés sur l'arène ;
C'est là que le caillou, lancé dans le ruisseau,
Glissoit, sautoit, glissoit, et sautoit de nouveau :
Un rien m'intéressoit. Mais avec quelle ivresse
J'embrassois, je baignois de larmes de tendresse
Le vieillard qui jadis guida mes pas tremblants,
La femme dont le lait nourrit mes premiers ans,
Et le sage pasteur qui forma mon enfance !
Souvent je m'écriois : Témoins de ma naissance,
Témoins de mes beaux jours, de mes premiers désirs,
Beaux lieux ! qu'avez-vous fait de mes premiers plaisirs ?

Mais loin de mon sujet ce doux sujet m'entraîne.
Vous donc, peintres des champs, animez chaque scène ;
Présentez-nous, au lieu d'un site inanimé,
Les lieux que l'on aima, ceux où l'on fut aimé ;
D'autres fois, du contraste essayant la puissance,
Des asiles du vice à ceux de l'innocence
Opposez les tableaux terribles ou touchants,
Et des maux de la ville embellissez les champs.

Du haut de ces coteaux d'où Paris nous découvre
Ses temples, ses palais, ses dômes, et son Louvre,
Sur ces grands monuments arrêtant vos regards,

Là règnent, dites-vous, l'opulence et les arts;
Là le ciseau divin, la céleste harmonie,
Les écrits immortels où s'empreint le génie,
Amusent noblement la reine des cités.
Mais bientôt, oubliant ces trompeuses beautés,
Là règnent, direz-vous, l'orgueil et la bassesse,
Les maux de la misère et ceux de la richesse;
Là, sans cesse attirés des bouts de l'univers,
Fermentent à la fois tous les vices divers:
Là, sombre, et dédaignant les plaisirs légitimes,
Le dégoût mène au vice, et l'ennui veut des crimes;
Là le noir suicide, égarant la raison,
Aiguise le poignard et verse le poison:
Là règne des Laïs la cohorte effrénée,
Honte du célibat, fléau de l'hyménée;
Là, dans des murs infects, asiles dévorants,
La charité cruelle entasse les mourants:
Là des frippons gagés surveillent leurs complices[s],
Et le repos public est fondé sur des vices;
Là le pâle joueur, dans son antre infernal,
D'un bras désespéré lance le dé fatal.
Que d'enfants au berceau délaissés par leur mère!
Combien n'ont jamais vu le sourire d'un père!
Que de crimes cachés! que d'obscures douleurs!
Combien coule de sang! combien coulent de pleurs!
La nature en frémit. Mais bientôt vos images

QUATRIÈME CHANT.

Nous rendent les ruisseaux, les gazons, les ombrages :
Ce contraste puissant les embellit pour nous ;
L'ombrage, les ruisseaux, les zéphirs sont plux doux ;
Et le cœur, que flétrit ce séjour d'imposture,
Revient s'épanouir au sein de la nature.
Ainsi lorsque Rousseau, dans ses bosquets chéris,
Du bout de son allée appercevoit Paris [9],
« De vices, de vertus effroyable mélange,
« Paris, ville de bruit, de fumée, et de fange ;
« Trop heureux, disoit-il, qui peut loin de tes murs
« Fuir tes brouillards infects et tes vices impurs » !
Et soudain, revenant dans ses routes chéries,
Il promenoit en paix ses douces rêveries.

Hélas ! pourquoi faut-il que celui dont les chants
Enseignent l'art d'orner et d'habiter les champs,
Ne puisse encor jouir des objets qu'il adore ?
O champs ! ô mes amis ! quand vous verrai-je encore ?
Quand pourrai-je, tantôt goûtant un doux sommeil,
Et des bons vieux auteurs amusant mon réveil,
Tantôt ornant sans art mes rustiques demeures,
Tantôt laissant couler mes indolentes heures,
Boire l'heureux oubli des soins tumultueux,
Ignorer les humains, et vivre ignoré d'eux [10] !

Vous, cependant, semez des figures sans nombre ;

Mêlez le fort au doux et le riant au sombre :
Quels qu'ils soient, aux objets conformez votre ton ;
Ainsi que par les mots exprimez par le son :
Peignez en vers légers l'amant léger de Flore ;
Qu'un doux ruisseau murmure en vers plus doux encore :
Entend-on d'un torrent les ondes bouillonner ?
Le vers tumultueux en roulant doit tonner ;
Que d'un pas lent et lourd le bœuf fende la plaine,
Chaque syllabe pèse, et chaque mot se traîne ;
Mais si le daim léger bondit, vole, et fend l'air,
Le vers vole et le suit, aussi prompt que l'éclair[1] :
Ainsi de votre chant la marche cadencée
Imite l'action et note la pensée.

Mais, malgré ces travaux, trop heureux si toujours
Vous aviez à chanter les beaux lieux, les beaux jours !
Mais lorsque vous dictez des préceptes rustiques,
C'est là qu'il faut ouvrir vos trésors poétiques :
Un précepte est aride ? il le faut embellir ;
Ennuyeux ? l'égayer ; vulgaire ? l'ennoblir.

Quelquefois, des leçons interrompant la chaîne,
Suspendez votre course ; et, reprenant haleine,
Au lecteur fatigué présentez à propos
D'un épisode heureux l'agréable repos.
Homère, en décrivant les soins du labourage,

QUATRIÈME CHANT.

Offre de ce précepte une charmante image;
Chaque fois que du bœuf pressé de l'aiguillon
Le conducteur, lassé, touche au bout du sillon,
Chaque fois, d'un vin pur abreuvé par son maître,
Il retourne gaîment à son labour champêtre:
Ainsi, par la douceur de vos digressions,
Faites boire l'oubli des austères leçons;
Puis suivez votre course un instant suspendue,
Et de votre sujet parcourez l'étendue.

Mais pourquoi ces conseils tracés si longuement?
Ah! pour toute leçon j'aurois dû seulement
Dire, Lisez Virgile: avec quelle harmonie
Aux rustiques travaux il instruit l'Ausonie!
De la scène des champs s'il m'offre le tableau,
Que ses pinceaux sont vrais! le limpide ruisseau
Où le berger pensif voit flotter son image,
Rend moins fidèlement les fleurs de son rivage;
S'il me peint les bergers, leurs amours, leurs concerts,
L'âge d'or tout entier respire dans ses vers.
Lisez Virgile: heureux qui sait goûter ses charmes!
Malheureux qui le lit sans verser quelques larmes!
Lorsque sa voix si douce en des sons si touchants
S'écrie: Heureux vieillard, tu conserves tes champs!
Combien il m'intéresse à ce vieillard champêtre!
Ce verger qu'il planta, ce toit qui le vit naître,

J'y crois être avec lui; le tendre tourtereau,
Et l'amoureux ramier roucoulant sous l'ormeau,
Sur la saussaie en fleur l'abeille qui bourdonne,
Les airs qu'au haut des monts le bûcheron fredonne,
Ces bois, ces frais ruisseaux! Ah! quel peintre eut jamais
De plus douces couleurs et des tableaux plus vrais!
Mais qu'entends-je? quels sons! ah! c'est Gallus qui chante;
Il chante Lycoris, sa Lycoris absente:
Sa voix pour Lycoris conjure les frimas
D'émousser leurs glaçons sous ses pieds délicats.
Dieu du chant pastoral, ô Virgile! ô mon maître!
Quand je voulus chanter la nature champêtre,
Je l'observai; j'errois avec des yeux ravis
Dans les bois, dans les prés : je te lus, et je vis
Que la nature et toi n'étoient qu'un. Ah! pardonne
Si, fier de ramasser des fleurs de ta couronne,
J'essayai d'imiter tes tableaux ravissants!
Que ne puis-je les rendre ainsi que je les sens!
Mais ils ont animé mes premières esquisses,
Et, s'ils n'ont fait ma gloire, ils ont fait mes délices.

Mais, hélas! que nos temps, nos destins sont divers!
Sur l'autel de Cérès quand tu portas tes vers
La douce agriculture avoit repris ses charmes,
Les beaux arts renaissoient, Mars déposoit ses armes,
Thémis rétablissoit ses autels renversés,

QUATRIÈME CHANT. 149

Le pouvoir rassembloit ses faisceaux dispersés;
Et, réparant ses maux dans une paix profonde,
Rome enfin respiroit sur le trône du monde :
Et nous, infortunés que proscrivent les dieux [12],
L'orageux avenir se noircit à nos yeux :
La France, malheureuse au milieu de sa gloire,
Mêle un cri de détresse à ses chants de victoire;
Près d'elle sont assis, sur son char inhumain,
D'un côté le triomphe, et de l'autre la faim;
Et quand le monde entier est ébranlé par elle,
Elle-même en ressent la secousse cruelle :
Auprès de son trophée on creuse son cercueil;
Ses succès sont un piége, et ses fêtes un deuil;
Et la guerre étrangère, et la guerre intestine,
De ma triste patrie achèvent la ruine.
Tel s'abyme un vaisseau battu des flots grondants,
Le vent siffle au-dehors, le feu court au-dedans...
Où sont ses arts, ses ports, et ses îles fécondes?
Son sang a des deux mers décoloré les ondes;
Deux mondes à l'envi s'enivrent de fureurs.
Levant trop tard au ciel ses yeux mouillés de pleurs,
L'humanité tremblante à ses malheurs succombe;
L'enfance est sans berceau, la vieillesse sans tombe;
Le besoin frappe en vain au seuil de l'amitié,
Hélas! l'excès des maux a détruit la pitié!
Quel amas de complots, de vengeances, de crimes!

Que d'illustres proscrits! quelles grandes victimes!
Tu meurs, ô Lamoignon! toi dont l'austère voix
Plaida cent fois la cause et du peuple et des lois!
Tu meurs avec ta fille, et sa fille avec elle;
Chacune de ces morts rend ta mort plus cruelle:
Trois générations en un jour ont péri.
Et toi que j'aimois tant, toi dont je fus chéri,
Dont le cœur fut si bon, l'esprit si plein de charmes,
Pour qui mes tristes yeux ont épuisé leurs larmes,
O Thiars [13]! tu n'es plus! mais du moins avant toi
Ton amie avoit fui de ce séjour d'effroi [14];
D'incroyables douleurs terminèrent sa vie;
Par la main des bourreaux la tienne fut ravie:
Mais l'amitié vous pleure, et doute de vous deux
Qui fut le plus aimable et le plus malheureux.

Vous qui leur survivez, déplorables familles,
Partez, n'attendez pas que vos fils, que vos filles,
Traînés sur l'échafaud, ou frappés dans vos bras,
De leur pere, en mourant, avancent le trépas.
Attendez que le ciel ait appaisé l'orage;
Alors, rentrés au port et rendus au rivage,
Tranquilles, vous vivrez où vivoient vos aïeux.

Mais, dieux! quel triste aspect s'en va frapper vos yeux!
Vos bois livrés au fer, vos fermes embrasées,

QUATRIÈME CHANT.

Sous leurs combles brûlants vos maisons écrasées !
Vos regards affligés redemandent en vain
Le verger, le bosquet que planta votre main ;
Tout est détruit. Ainsi lorsque des mains barbares
De l'hirondelle absente ont ravagé les lares,
Malheureuse, elle pleure, et, poussant de longs cris,
Vient et revient sans cesse à ces tristes débris.
Consolez-vous pourtant et calmez vos alarmes ;
Un jour ces souvenirs auront pour vous des charmes ;
Un jour à vos enfants, dans des moments plus doux,
Vous conterez vos maux : Ici, leur direz-vous,
Des deux monstres d'Arras les barbares cohortes
De ces murs investis enfoncèrent les portes,
Et la horde nocturne, assiégeant mon sommeil,
Des torches de la mort éclaira mon réveil :
Là je luttai long-temps, et ma main paternelle
Arracha votre sœur à leur main criminelle :
Là, les cheveux épars, errant sous ces lambris,
Votre mère enlevoit quelques tristes débris :
Par cette brèche heureuse on sauva mon vieux père ;
Du haut de ce balcon votre malheureux frère
Vint tomber tout sanglant à mes yeux pleins d'effroi,
Et son sang, justes dieux ! rejaillit jusqu'à moi :
Là-bas, dans ce vallon, et sous ce chêne sombre,
Nos parents, nos amis s'assemblèrent dans l'ombre :
Là, tremblante et craignant le retour du soleil,

Au milieu de la nuit la frayeur tint conseil,
Et n'eut, prête à chercher les terres étrangères,
Que le choix de l'exil et celui des misères :
Là, pressés l'un par l'autre, et les larmes aux yeux,
Un long embrassement attendrit nos adieux.
Que de fois en marchant mes douleurs m'arrêtèrent !
Que de fois vers ces murs mes yeux se détournèrent !
Et sur ces toits chéris, objets de mes regrets,
De la flamme en pleurant suivirent les progrès !
Et quand vous conterez votre longue infortune,
Les tourments de l'espoir et l'attente importune,
Votre vie inquiète et vos destins errants,
Et dans un seul exil tant d'exils différents ;
Cette patrie, objet de crainte et de tendresse,
Sans cesse se montrant et vous fuyant sans cesse ;
Ces lambeaux, ce pain noir, et ces tristes secours
Qui prolongeoient vos maux en prolongeant vos jours ;
Quand vous peindrez la faim dans ses accès funestes
D'un luxe évanoui vous arrachant les restes ;
La beauté délicate aux plus rudes métiers
Dévouant sa foiblesse ; ailleurs de vieux guerriers
Échangeant pour du pain, en les baignant de larmes,
Ces croix, prix de leur sang, et l'honneur de leurs armes :
Vous-mêmes d'un peu d'or, cher et dernier débris,
Dépouillant le portrait d'une fille, d'un fils ;
Hélas ! et pour nourrir leur mère infortunée,

QUATRIÈME CHANT.

Livrant jusqu'à l'anneau que bénit l'hyménée :
Vous verrez vos enfants, ressentant vos douleurs,
Se jeter dans vos bras pour y cacher leurs pleurs;
Mais bientôt vous rirez de leurs tendres alarmes,
Et par un doux baiser effacerez leurs larmes.

Cependant, revenus d'un exil rigoureux,
Oubliez, il est temps, ces tableaux douloureux;
De vos champs, de vos bois, réparez les ravages.
Et toi, qui m'appris l'art d'orner les paysages,
Muse, viens effacer ces vestiges de deuil!
Que des touffes de rose embrassent ce cercueil.
Le long de ces remparts, autour de ces murailles,
Qu'a noircis de ses feux le démon des batailles,
Courez, tendres lilas, courez, jasmins fleuris,
De vos jeunes rameaux égayez ces débris;
Que la vigne en rampant gagne ces colonnades,
Monte à ces chapiteaux, et pende à ces arcades,
Et qu'un voile de fruits, de verdure, et de fleurs,
Cache ces noirs témoins de nos longues fureurs.
Hélas! et que n'en peut la sanglante mémoire,
Ainsi que de ces murs, s'effacer de l'histoire [15]!

Et vous, peuple des champs, vous de qui tant de fois
Nous portâmes la plainte aux oreilles des rois;
Parlez : qu'avez-vous fait de vos vertus antiques?

D'où vient que j'apperçois sous vos chaumes rustiques
Ce faste, ces débris de châteaux dépouillés?
Pourquoi ces ornements dont vos murs sont souillés?
Quel fruit vous revient-il de ces pompes cruelles?
Ah! les remords chez vous sont entrés avec elles!
Et ce lit fastueux, dépouille des palais,
Ne vaut pas l'humble couche où vous dormiez en paix.

 Ainsi je célébrois d'une voix libre et pure
L'innocence, les champs, les arts, et la nature.
Veuillent les dieux sourire à mes agrestes sons!
Et moi, puissé-je encor, pour prix de mes leçons,
Compter quelques printemps, et dans les champs que j'aime
Vivre pour mes amis, mes livres, et moi-même!

FIN DU QUATRIÈME CHANT.

NOTES.

PREMIER CHANT.

(1) . . . . . Il part, vole, arrive; l'ennui
Le reçoit à la grille, et se traîne avec lui.

Nous citons ici les vers d'Horace, dont ceux-ci sont l'imitation :

« Iidem eadem possunt horam durare probantes ?
« Nullus in orbe sinus Baiis prælucet amœnis,
« Si dixit dives ; lacus et mare sentit amorem
« Festinantis heri. Cui si vitiosa libido
« Fecerit auspicium, cras ferramenta Theanum
« Tolletis, fabri. Lectus genialis in aula est ?
« Nil ait esse prius, melius nil cœlibe vita.
« Si non est ; jurat bene solis esse maritis.
« Quo teneam vultus mutantem Protea nodo ? »

HORAT. EPISTOLARUM lib. I, ep. I.
(*Note de l'auteur.*)

(2) Ou le brochet glouton qui dépeuple les eaux ?

Quelques uns de ces vers sont imités de la *Forêt de Windsor,* par le célèbre Pope, ainsi que quelques autres vers de la description de la chasse le sont du poëte Denham. (*Note de l'auteur.*)

(3) De ses assassins même attendrissent les cœurs.

On trouve des descriptions de la chasse dans le neuvieme chant *des Mois,* de ROUCHER, dans le seizieme livre du *Prædium rusticum*, de Vanière, et dans *les Saisons*, de Saint-Lambert et de Thompson.

(4) Consolent leur exil, et chantent leur retour.

Ces vers furent récités à l'académie le jour où M. de Malesherbes, reçu dans ce corps, et M. de Choiseul, qui assistoit à cette réception, paroissoient après leur exil en public pour la première fois. Le public les nomma tous deux par ses applaudissements. (*Note de l'auteur.*)

(5) Son meuble accoutumé, ses livres favoris.

On sait avec quelle grace et quelle attention le roi de Pologne, Stanislas Poniatowsky, reçut la célèbre madame Geoffrin. Elle retrouva, en arrivant dans l'appartement qui lui étoit destiné, les mêmes meubles, les mêmes tableaux, les mêmes livres qu'elle avoit laissés dans son appartement à Paris; et l'amitié attentive qui avoit présidé à cet arrangement, et l'étonnement agréable qu'il lui causa, ne fut pas un des moindres plaisirs qu'elle goûta dans ce voyage. (*Note de l'auteur.*)

(6) L'ame de son ami dans l'odeur d'une rose.

Cette idée est tirée d'un voyage de Suisse; et quoiqu'elle ait été déja employée plusieurs fois, elle est si intéressante et si doucement mélancolique, que l'auteur a cru devoir la reproduire. « Autour de l'église (dit « M. Robert, Voyage dans les treize cantons suisses, « tome II, page 231), des tombes couvertes d'œillets, « cultivés par les mains d'une fille, d'un frere, d'un fils, « d'une épouse, ou par celles d'un ami, me peignoient « d'une manière attendrissante la sensibilité des cœurs

« qui ne sont point émoussés par des jouissances factices,
« ni dégradés par de mauvaises institutions. Le temps des
« œillets est-il passé, on y substitue d'autres fleurs, sui-
« vant la saison, et tous les villages du canton montrent
« le même attachement pour leurs proches ». (*Note de
l'auteur.*)

(7) L'écho redit mon nom, mon hommage et mes vers.

Pour l'intelligence de ce passage nous plaçons ici deux
lettres déjà imprimées, il y a plusieurs années, dans différents journaux.

*Lettre de madame la princesse Czartorinska
à M. l'abbé Delille.*

« Pardonnez, monsieur, si j'interromps vos loisirs:
« prenez-vous en à votre réputation et à vos ouvrages,
« si une société entière s'adresse à vous pour remplir son
« attente. Rassemblés dans un petit hameau, où nous fai-
« sons notre principal séjour, l'amitié, l'inclination, le
« sang, et les convenances nous lient; tout se rassemble
« pour nous faire espérer que nous ne serons jamais
« séparés.

« Il est tout simple que nous désirions d'embellir notre
« retraite : le poëme des Jardins nous a éclairés sur la
« manière; la sensibilité, le souvenir et la reconnoissance
« nous guident, et tout le hameau, dans ce moment, y
« est occupé à élever un monument à tous les auteurs qui
« ont si souvent rempli nos jours d'instructions, d'atten-
« drissement et d'agrément. Ils seront marqués, selon leur
« rang, sur les quatre faces d'une pyramide de marbre :

« d'un côté, Pope, Milton, Young, Sterne, Shakespear,
« Racine et Rousseau; de l'autre, Pétrarque, Anacréon,
« Métastase, le Tasse et La Fontaine; sur le troisième,
« madame de Sévigné, madame Ricconboni, madame de
« la Fayette, madame Deshoulières et Sapho; sur le
« quatrième enfin, Virgile, Gessner, Gresset, et l'abbé
« Delille. Ces quatre faces seront accompagnées d'arbres,
« d'arbustes et de fleurs.

« Les roses, le jasmin, le lilas, des paquets de violettes
« et de pensées seront du côté des femmes; Pétrarque,
« Anacréon et Métastase auront le myrte; le laurier sera
« pour le Tasse; le saule pleureur, le triste cyprès, les ifs
« accompagneront Shakespear, Young et Racine; pour le
« quatrième côté le hameau choisira ce que les vergers,
« les bois, les prairies peuvent offrir de plus agréable; et
« chaque habitant plantera un arbre ou un arbuste pour
« éterniser des auteurs qui leur ont donné le goût de
« la vie champêtre, et par-là même contribué à leur
« bonheur.

« Il ne leur manque qu'une inscription pour rendre
« leur idée, et la faire passer à la postérité; elle sera
« gravée au pied du monument; et tout le hameau d'un
« seul cri a décidé que vous en seriez l'auteur. Nous la
« demandons autant à votre cœur qu'à votre esprit. Cet
« hommage, simple et vrai, sera bien rendu par l'auteur
« du poëme des Jardins, par le traducteur de Virgile, et
« sur-tout par un homme sensible.

« Nous vous prions de croire aux sentiments distin-
« gués avec lesquels nous sommes, monsieur, les plus
« grands admirateurs de vos ouvrages, etc. »

PREMIER CHANT.

Réponse de M. l'abbé Delille.

Madame,

« La lettre que vous m'avez fait l'honneur de m'écrire
« est venue me trouver à Constantinople, où j'ai accom-
« pagné M. le comte de Choiseul-Gouffier, ambassadeur
« de France dans ces mêmes lieux qu'il a parcourus au-
« trefois comme voyageur. Vous connoissez le beau
« monument qu'il a élevé à l'honneur de la Grèce. Si les
« arts, rappelés dans leur premiere patrie, en consacrent
« un à ceux qui auront préparé leur retour, mon ami
« aura des droits à une des premières places. Je prévois
« qu'il laissera dans ce pays un nom illustre dans plus
« d'un genre.

« Pour moi, madame, avide depuis long-temps de
« connoître ce beau pays de la Grèce, j'y ai porté des
« illusions trop tôt détruites : j'ai cherché les Athéniens
« dans Athènes; je ne les y ai point trouvés; et j'ai
« appris par votre lettre, pleine d'esprit et de graces,
« qu'ils étoient réfugiés parmi les Sarmates. En la lisant
« je l'ai crue écrite par des particuliers aimables et in-
« struits, à qui un goût naturel et la médiocrité de leur
« état rendoient agréable le séjour de la campagne; je
« l'ai trouvée signée par tout ce que l'Europe a de plus
« distingué par la naissance, la valeur, l'esprit et les
« graces. J'en ai été plus flatté que surpris : votre nom
« et votre rang, madame, vous condamnent à n'avoir
« point de goûts obscurs; je le connoissois depuis long-
« temps pour tout ce qui est simple et beau. Ce Virgile,
« à qui vous destinez dans votre hameau une place qui

« ajoutera encore à sa gloire, semble avoir dit pour
« vous :

> « Les dieux ont quelquefois habité les forêts ;
> « *Habitarunt di quoque silvas.*

« Je suis bien loin de prétendre à la place que vous
« voulez bien me donner près de lui dans le charmant
« projet de votre pyramide. C'est bien assez d'avoir dé-
« figuré sa poésie dans mes foibles traductions, sans
« gâter encore les honneurs que vous lui rendez. Quel-
« ques personnes d'un rang distingué, qui veulent bien
« aimer mes vers champêtres, ont fait planter dans
« leur jardin un arbre qu'elles ont nommé de mon nom.
« Ce monument est le seul qui convienne à la mo-
« destie d'une muse des champs : elle se rend justice
« quand elle a peur des marbres et des pyramides ; ces
« honneurs ne sont dus qu'à ce même Virgile, qui sut,
« en chantant les forêts, rendre les forêts dignes des
« consuls : et si vous vous rappelez, madame, que ces
« consuls étoient à la fois de grands guerriers et de
« grands hommes d'état, l'application de ces vers d'un
« poëte latin ne vous sera pas difficile. Je travaille dans
« ce moment à un poëme sur l'imagination : j'ai tâché d'y
« peindre le pouvoir qu'elle exerce sur l'esprit par les
« monuments ; le vôtre, madame, n'y sera pas oublié.
« Pour prix de mes vers je ne demande à la divinité que
« je chante que de me transporter dans votre hameau,
« de m'associer à vos goûts et à vos entretiens. Si mon
« nom est quelquefois prononcé dans vos scènes cham-
« pêtres ; si mes vers, rappelés par les objets qu'ils dé-

« crivent, sont quelquefois répétés dans vos bois, je me
« croirai trop heureux.

« Votre société, unie par les liens du sang, par l'amour
« des arts, sur-tout par l'amitié, est la plus aimable con-
« fédération qu'ait vue la Pologne. Cette liberté que les
« héros de votre patrie et de votre maison ont cherchée
« si courageusement le sabre à la main, vous l'avez
« trouvée sans frais et sans danger dans la solitude et
« dans la paix des champs.

« Vous me parlez, madame, de vos souvenirs; d'au-
« tres à votre place se rappelleroient l'antiquité d'une
« noblesse illustre et l'honneur d'appartenir au sang des
« rois. Vos souvenirs, au lieu d'être ceux de la vanité,
« sont ceux de l'amitié et de la reconnoissance; celle que
« vous témoignez pour les auteurs fameux dont la lec-
« ture charme votre retraite est bien juste et digne de
« vous. Permettez-moi seulement, madame, quelques ob-
« servations sur la place que vous leur offrez. Ni Racine
« ni Gresset ne me paroissent faits pour être placés à côté
« des poëtes champêtres. Racine mérite une place bien
« supérieure. Gresset, qui a traduit les Églogues de Vir-
« gile, paroît n'en avoir pas rendu la belle simplicité : il
« a peint avec finesse les ridicules de la ville; mais il sen-
« toit peu les charmes de la campagne.

« Pour moi, madame, ma place ne m'appartient pas
« assez pour avoir le droit de la céder, ni pour désigner
« celui qui doit m'y remplacer; c'est à la société d'y nom-
« mer : mais en vous rendant votre bienfait, permettez
« que je conserve ma reconnoissance.

« A l'égard de l'inscription que vous me faites l'hon-

« neur de me demander, j'oserai vous observer encore
« qu'il seroit difficile, pour ne pas dire impossible, d'ex-
« primer aussi brièvement que le genre l'exige, le carac-
« tere d'un aussi grand nombre d'auteurs tous différents
« de langue, de nations et de siècles : j'ai tâché de la faire
« simple, précise, dans le style lapidaire et antique; et
« pour rendre dans le moindre nombre de mots possible
« l'hommage que des personnes illustres offrent dans une
« retraite champêtre aux grands écrivains qui charment
« leurs loisirs, je crois qu'il suffira de graver sur la py-
« ramide :

« LES DIEUX DES CHAMPS, AUX DIEUX DES ARTS.

« L'inscription, comme vous le voyez, est écrite dans
« notre langue, ou plutôt dans la vôtre : elle vous ap-
« partient par les graces que vous lui prêtez ; et j'oserai
« vous dire avec Voltaire :

« Elle est à toi, puisque tu l'embellis.

« J'ai cru qu'une langue dans laquelle vous rendez
« tous les jours vos sentiments et vos idées ne pourroit
« être indigne d'aucun monument : je ne l'ai trouvée in-
« suffisante que pour exprimer toute la vénération, la
« reconnoissance et le respect avec lesquels j'ai l'honneur
« d'être, etc. » (*Note de l'auteur.*)

(8) Des enfants du hameau tel est le grave maître.

Quelques vers du portrait du pasteur et de celui du
maître d'école sont imités du charmant poëme de Gold-
smith, *The deserted Village.* (*Note de l'auteur.*)

(9) Jadis Caton enfant fut un boudeur sublime.

« Caton, dès le commencement de son enfance, tant
« en sa parole qu'à son visage, et en tous ses jeux et
« passe-temps, monstra tousjours un naturel constant,
« ferme et inflexible en toutes choses ; car il vouloit venir
« à bout de tout ce qu'il entreprenoit de faire, et s'y
« obstinoit plus que son aage ne portoit; et s'il se mons-
« troit rebours à ceux qui le cuidoient flatter, encore se
« roidissoit-il davantage contre ceux qui le pensoient
« avoir par menaces. Il estoit difficile à esmouvoir à rire,
« et luy voyoit-on bien peu souvent la chere gaye......
« Les peuples d'Italie alliez des Romains pourchassoient
« d'avoir droit de bourgeoisie dedans Rome; pour lequel
« pourchas Pompædius Sillo, estant particulièrement amy
« de Drusus, fut logé par plusieurs jours en sa maison,
« durant lesquels ayant pris familiarité avec ses jeunes
« enfants, il leur dit un jour : Or sus, mes beaux en-
« fants, intercederez-vous pas pour nous envers vostre
« oncle qu'il nous veuille aider à obtenir le droit de
« bourgeoisie que nous demandons? Cæpion, en se sou-
« riant, luy fit signe de la teste qu'il le feroit : mais Caton
« ne respondit rien, ains regarda seulement ces estran-
« gers au visage d'un regard fiché sans ciller. Adonc
« Pompædius s'adressant à luy à part : Et toy, dit-il,
« beau fils, que dis-tu ? ne veux-tu pas prier ton oncle
« de favoriser à ses hostes comme ton frere ? Caton ne
« respondoit point encore pour cela, ains par son silence
« et par son regard monstra qu'il rejettoit leur priere.
« A l'occasion de quoy Pompædius l'empoignant le mit
« hors de la fenestre comme s'il l'eust voulu laisser aller,

« en lui disant d'une voix plus aspre et plus rude que de
« coustume, et le secouant par plusieurs secousses en
« l'air au dehors de la fenestre : Promets-nous donc, ou
« je te jetteray à bas. Ce que Caton endura, et longue-
« ment, sans monstrer de s'effroyer ny s'estonner de
« rien........

« Sarpedon menoit ordinairement Caton au logis de
« Sylla pour lui faire la cour : mais son logis en ce
« temps-là ressembloit proprement à voir un enfer ou
« une geole, pour le grand nombre de prisonniers qu'on
« y menoit, et qu'on y gehennoit ordinairement. Caton
« estoit desia au quatorziesme an de son aage; et voyant
« qu'on apportoit leans des testes qu'on disoit estre de
« personnages notables, de sorte que les assistants sous-
« piroyent et gemissoyent de les voir, il demanda à son
« maistre comment il estoit possible qu'il ne se trouvast
« quelque homme qui tuast ce tyran-là : Pour ce, lui
« respondit Sarpedon, que tous le craignent encore plus
« qu'ils ne le haïssent. Que ne m'as-tu doncques, repliqua-
« t-il, baillé une espée, afin que je le tuasse, pour déli-
« vrer nostre pays d'une si cruelle servitude?..... »

PLUTARQUE, Vie de Caton, *trad. d'Amyot.*

SECOND CHANT.

(1) *Les prés, alors si beaux, de sa chère Mantoue.*

« Et qualem infelix amisit Mantua campum,
« Pascentem niveos herboso flumine cycnos, etc. »

« ... *Dans ces prés, ravis à ma chère Mantoue,*
« *Où le cygne argenté sur les ondes se joue, etc.* »

VIRGILE, Géorg., l. II.

(*Note de l'auteur.*)

(2) *Créé des prés nouveaux et les riches sainfoins.*

Le nombre extrêmement varié des plantes que l'on trouve dans les prairies *naturelles*, la végétation vigoureuse des unes, la longue durée des autres, et l'avidité remarquable des animaux pour plusieurs d'entre elles, semblent avoir fait naître l'idée d'en cultiver quelques unes séparément, et produit ce que l'on nomme prairies artificielles, qui mettent le cultivateur à portée de nourrir pendant toute l'année ses bestiaux à l'étable, où ils deviennent constamment plus beaux, et fournissent une plus grande quantité de lait.

Ces avantages étoient connus des anciens, et des Romains sur-tout, le premier de tous les peuples agriculteurs : ils cultivoient pour leurs troupeaux la luzerne, la vesce, les mélanges d'orge et d'avoine, le fenu-grec, l'ers, les pois, etc.

C'est par l'adoption d'une pratique aussi avantageuse que les Flamands, les Brabançons, les Suisses, les Alsaciens, les Anglais sur-tout, ont élevé leur agriculture à un degré de perfection inconnu au reste de l'Europe, qu'ils sont parvenus à faire succéder sur le même sol, et toujours avec succès, un grand nombre de végétaux d'espèces et de natures différentes, et qu'ils ont établi comme la base la plus précieuse de l'économie rurale la méthode d'*alterner*.

De tous les végétaux propres à former des prairies artificielles, ceux qu'on estime le plus généralement et avec raison sont la luzerne, le sainfoin, le trèfle, et leurs différentes espèces.

Les Romains mettoient la *luzerne* au premier rang des plantes fourrageuses; ils en avoient un soin extrême: Pline assure qu'on prolongeoit sa durée jusqu'à trente ans. Olivier de Serres, dans son langage énergique, appelle la luzerne *la merveille du ménage*. On la coupe, dans nos contrées méridionales, jusqu'à cinq fois; et Duhamel affirme qu'un arpent de terre médiocre employé en luzerne, après avoir été bien préparé, lui a donné jusqu'à vingt mille livres de fourrage sec. Ce produit est sans doute excessif et sort de la proportion ordinaire; mais on peut établir comme règle générale que la luzerne se coupe trois fois, que ces trois coupes réunies donnent environ cinq à six mille livres de fourrage, et que la durée moyenne de cette plante est de neuf à dix ans. La luzerne se plaît dans les terrains légers, substantiels, profonds; elle craint également et l'excès de sécheresse et l'excès d'humidité; elle redoute une petite chenille noire qui dévore ses feuilles, et le ver à hanneton qui attaque ses racines. Lorsqu'on la donne en vert aux bestiaux elle leur cause des tranchées dangereuses, surtout quand elle est chargée de rosée; mais cet inconvénient est racheté par tant d'avantages, qu'on peut juger assez sûrement de la culture d'un pays par la quantité de luzerne qu'on y voit.

C'est au seizième siècle que l'on a commencé à cultiver le *sainfoin*. Cette plante inconnue aux anciens, transportée du sommet des montagnes dans les plaines, y a conservé cette sorte de *rusticité* qui la fait résister aux intempéries capables de détruire beaucoup d'autres végétaux. Les sables qui gardent quelque fraîcheur, les graviers, les craies, les marnes, et sur-tout les terres rougies par la chaux de fer, lui conviennent très bien; ses racines s'y enfoncent jusqu'à quinze ou vingt pieds. Le sainfoin est recherché avec avidité par toutes les espèces de bestiaux; il les échauffe, et peut jusqu'à un certain point suppléer l'avoine pour les chevaux. L'époque de la fleuraison du sainfoin est celle qu'il faut choisir pour le récolter : plus tôt il fond au point de rendre la récolte presque nulle ; plus tard ses tiges deviennent dures et ligneuses, et les bestiaux les rejettent.

On cultive en prairies artificielles plusieurs espèces de *trèfle;* mais le grand trèfle rouge ou triolet est celui qui est le plus généralement connu et qui mérite le plus de l'être. Aucune plante fourrageuse ne croît aussi rapidement. Quelques mois après qu'il est semé il offre déjà au cultivateur une coupe qui le dédommage de ses peines et de ses avances. C'est la seconde année sur-tout que son produit est réellement prodigieux. Lorsqu'il se trouve dans un terrain convenable et qu'on le couvre de chaux ou de plâtre en poudre, celui de tous les engrais qui favorise le plus puissamment sa végétation, elle est telle qu'on le coupe jusqu'à quatre fois, et qu'il donne, dans ces coupes réunies, six à sept mille livres de fourrage sec par arpent. Tout est gain dans la culture du trèfle, parceque c'est sur les terres destinées à rester en jachères qu'on l'établit. Le trèfle se consomme sur-tout en vert : il procure à toutes les femelles un lait très abondant et de bonne qualité ; il est recherché par toutes les espèces : il engraisse les cochons ; mais il a l'inconvénient de faire avorter les truies pleines. Si, lorsqu'on le donne en vert, on n'a pas le soin de le laisser *essorer*, il est sujet à produire des météorisations plus dangereuses encore que celles que cause la luzerne.

Les résultats de la culture du *mélilot* font désirer qu'elle s'étende : les animaux le mangent avec plaisir ; il vient plus facilement que la luzerne dans différents sols : semé dans celui qui lui convient le mieux il produit extraordinairement. La variété connue sous le nom de *mélilot de Sibérie* est celle qui mérite la préférence.

Les *vesces*, les *gesses*, les *pois*, les *lentilles*, les *ers*, les *lupins*, sont des plantes annuelles dont on forme des prairies momentanées : on en forme aussi avec le seigle, l'avoine, le maïs. On fauche ces plantes avant la formation de l'épi : elles donnent un fourrage très abondant et très nourrissant ; le maïs sur-tout engraisse très promptement les bestiaux et la volaille.

La *spargule* est cultivée avec succès dans le Brabant : on estime beaucoup le lait des vaches qui en sont nourries, ainsi que le beurre qui en provient, auquel on donne même le nom de *beurre de spargule*. C'est une plante annuelle qui réussit assez bien sur les sables qui ne sont pas extrêmement dépourvus d'humidité. La spargule se donne en vert; elle a l'avantage de n'occuper la terre que pendant la saison destinée à la jachère.

Le meilleur ouvrage qui existe sur les prairies artificielles est celui de Gilbert, directeur de l'école vétérinaire d'Alfort. (*Extrait d'un mémoire sur le même sujet, par J. B. Dubois, membre de la société d'agriculture de Paris.*)

(3) Comme d'un sol ingrat triompha de l'envie.

« C. Furius Cresinus, e servitute liberatus, cum in
« parvo admodum agello largiores multo fructus perci-
« peret quam ex amplissimis vicinitas; in invidia magna
« erat ceu fruges alienas pelliceret veneficiis. Quam ob
« rem a Sp. Albino curuli die dicta, metuens damnatio-
« nem, cum in suffragium tribus oporteret ire, instru-
« mentum rusticum omne in forum attulit, et adduxit
« familiam validam, atque (ut ait Piso) bene curatam
« et vestitam, ferramenta egregie facta, graves ligones,
« vomeres ponderosos, boves saturos. Postea dixit : Ve-
« neficia mea, Quirites, hæc sunt : nec possum vobis
« ostendere aut in forum adducere lucubrationes meas,
« vigiliasque et sudores. Omnium sententiis absolutus
« itaque est. Profecto opera, non impensa, cultura
« constat. Et ideo majores *fertilissimum in agro oculum*
« *domini esse* dixerunt. »

Plinii Hist. nat., lib. xviii, sect. viii.

(4) *Laissez là ces projets recueillis par Rozier.*

M. l'abbé Rozier, célèbre par ses connoissances en agriculture, ne prétendoit pas répondre de tous les mémoires qu'il inséroit dans son estimable recueil: plusieurs renfermoient des vues utiles, d'autres proposoient des procédés inexécutables, et plus séduisants dans la théorie que faciles dans la pratique : l'auteur devoit faire connoître les inventions bonnes ou mauvaises. (*Note de l'auteur.*)

(5) *Tel des Alpes nous vint le cytise riant.*

Cet arbre de moyenne grandeur y croît naturellement : il porte au mois de mai de belles grappes de fleurs jaunes et longues ; son bois est dur et d'une couleur d'ébène, verte et jaunâtre, avec des veines brunes ; ce qui le fait ressembler au bois des isles : il est précieux pour les tabletiers et les tourneurs ; on en fait en Suisse des instruments de musique. On ne connoît pas au juste le cytise des anciens, pour lequel les chèvres avoient un goût décidé, et qui avoit la propriété de donner aux vaches du lait en abondance :

« Florentem cytisum sequitur lasciva capella......
« Sic cytiso pastæ distentent ubera vaccæ ». Virgil. *in* Bucol.

Le cytise que l'on cultive en différents pays est un arbrisseau qui ne peut servir de fourrage qu'en été.

(6) *Ainsi pleure incliné le saule d'Orient.*

Tournefort est le premier qui a fait connoître ce saule à branches inclinées, surnommé le pleureur, et qui, placé dans un bosquet près d'un monument sépulcral, est effectivement l'arbre le plus propre à inspirer la tristesse : il est même vraisemblable que l'Europe le doit à ce naturaliste. Un autre saule du Levant, décrit par Linné, est un bel arbre à feuilles d'olivier argentées, dont les fleurs exhalent une odeur suave, mais qui dépériroit dans nos climats.

(7) Le peuplier reçut ses frères d'Italie.

C'est un grand arbre dont il y a trois espèces principales ; le *peuplier blanc*, le *peuplier noir*, et le *peuplier tremble*, désigné ordinairement sous le seul nom de *tremble*.

Le *peuplier d'Italie* se fait distinguer des autres *peupliers* en ce que ses branches sortent droit de son tronc, qu'elles en sont plus rapprochées, et donnent à l'arbre la forme d'une pyramide : il se multiplie avec la plus grande facilité, et croît en très peu de temps. A peine les arbres ordinaires commencent-ils à paroître que celui-ci n'existe plus. Après quinze ans de plantation il donne à son propriétaire un produit considérable. On assure que trente arpents de ce bois à couper valent en Italie de quatre-vingts à cent mille francs.

(8) Le cèdre impérial descendit du Liban.

Le premier cèdre qui ait réussi en France est celui du jardin des plantes. L'épithète *impérial* convient à cet arbre qui semble commander à tous les autres arbres. On sait au reste qu'il n'y a plus que très peu de tiges de cèdre sur le Liban ; mais par compensation il commence à multiplier beaucoup dans les jardins anglais.

(9) Ces pins. . . . . . .
   Nourrissons de l'Ecosse ou de la Virginie.

Le *pin d'Ecosse*, appelé aussi *pin de Genève*, a dans la gaine deux feuilles courtes, et les strobiles petits et blanchâtres.

Le *pin de Virginie* a trois feuilles longues et grêles sortant de chaque gaine, et les strobiles hérissés de pointes.

(10) Le thuya vous ramène aux plaines de la Chine.

On donne au thuya le nom d'*arbre de vie*, parcequ'il se conserve en pleine terre avec ses feuilles été et hiver. Le premier qu'on ait vu en Europe fut apporté à François Ier. Il y en a de plusieurs espèces au jardin des plantes. Au commencement du printemps cet arbre porte des fleurs mâles et des fleurs femelles sur le même pied. Le thuya du Canada porte des fruits un mois plutôt que celui de la Chine; ses rameaux se répandent en ailes, et ses feuilles ressemblent à celles du cyprès. Placé dans un bosquet, par le vert obscur de son feuillage, il fait en quelque sorte valoir celui des arbres qui l'avoisinent.

(11) L'arbre de Judée.

La dénomination propre de cet arbre est celle d'*arbre de Judas* : la première, vulgairement adoptée en France, se trouve dans le Dictionnaire des jardiniers de Miller. De l'Écluse a dit il y a deux cents ans *vulgus herbariorum arborem* Judæ *vocant.*

(12) Et sans lait pour son fils, la mère européenne
   Le remet dans l'Asie à la femme indienne.

Ce n'est pas faute de lait; mais sous la zone torride

l'influence de la chaleur le rend si amer que son nourrisson le refuse. Ce fait, consigné dans l'Histoire de l'académie des sciences de Paris, en 1707, a été adopté par Haller dans sa Physiologie. Quant à la reproduction des tigres et des lions, il est probable qu'elle ne seroit pas aussi rare en Europe qu'on le suppose généralement : outre des lions nés dans la tour de Londres, et dont un individu vit encore, et un jeune tigre né dans la même tour, on a vu à la ménagerie du Muséum d'histoire naturelle de Paris une lionne mettre au monde chaque année des petits à terme, lesquels à la vérité n'ont pu être élevés, mais évidemment à cause des obstacles que la gêne dans laquelle on étoit obligé de les retenir mettoit à leur développement. La plupart de ces lionceaux sont morts en faisant leurs secondes dents, à l'âge de douze à quinze mois. Au reste le poëte suit le précepte d'Horace, *Famam sequere*.

(13) De leur course rivale entrelacent les jeux.

On a essayé ici de rendre *texuntque fugas* de Virgile, AENEID. liv. V. (*Note de l'auteur.*)

(14) Eut enfin son automne et connut le printemps.

« Figurez-vous », dit le baron de Riedesel, Voyage en Sicile et dans la grande Grèce, en parlant de Malte, « un rocher pelé et très dur, dont la première croûte, « enlevée avec des instruments de fer, pilée et délayée « avec de l'eau, a été convertie en terre, et a continué « d'être mise en valeur par ses infatigables habitants ». Pour former des jardins sur ce rocher aride, les Maltais aisés font venir du terreau de la Sicile ; et, selon Volney,

Voyage en Syrie, la même industrie a été employée avec succès par les religieux du mont Sinaï.

(15) *O riant Gemenos! ô vallon fortuné!*

Gemenos est un des vallons les plus riches et les plus riants de la Provence : il est situé sur la route de Marseille à Toulon. Le malheureux M. d'Albertas, égorgé dans son jardin au milieu d'une fête qu'il donnoit aux villages voisins, a créé auprès de son château un des plus magnifiques jardins anglais qui existent ; une vieille église de templiers y présente une ruine plus naturelle et plus imposante que la plupart de celles dont on prétend embellir nos jardins modernes.

> « Mais loin ces monuments dont la ruine feinte
> « Imite mal du temps l'inimitable empreinte ;
> « Tous ces temples anciens récemment contrefaits,
> « Ces restes d'un château qui n'exista jamais,
> « Ces vieux ponts nés d'hier, et cette tour gothique,
> « Ayant l'air délabré sans avoir l'air antique ;
> « Artifice à la fois impuissant et grossier !
> « Je crois voir cet enfant tristement grimacier,
> « Qui, jouant la vieillesse et ridant son visage,
> « Perd, sans paroître vieux, les graces du jeune âge. »
>
> LES JARDINS, ch. IV.

J'ai cru devoir à ce lieu charmant, où j'ai échappé aux rigueurs du fameux hiver de 1769, cette marque de souvenir et ce témoignage de reconnoissance. (*Note de l'auteur.*)

(16) *Vous paye en peu de temps les frais de la victoire.*

M. de Paynes, procureur-général des états de Provence, a augmenté le revenu d'une de ses terres de 12000 livres par le procédé utile et courageux que j'ai essayé de décrire dans ces vers. (*Note de l'auteur.*)

(17) Au sein de ses vallons Lima sent tour-à-tour, etc.

Voyez le sixième chant du *Prædium rusticum*.

(18) Dont long-temps l'ignorance honora Rome antique.

L'on avoit cru long-temps que l'aqueduc ancien que Riquet a fait entrer dans l'admirable construction de son canal étoit l'ouvrage des Romains ; il étoit celui des moines. Cependant d'autres prétendent que cet ouvrage a été exécuté dans le dixième siècle ; que le desséchement fut entrepris par plusieurs gentilshommes des environs, qui en obtinrent la permission de l'archevêque de Narbonne, à qui l'étang appartenoit. L'auteur du poëme de l'Agriculture dit avoir tenu en main l'acte de concession et d'autres pièces analogues à cet acte.

Quoi qu'il en soit, le fameux canal qui joint la Méditerranée à l'Océan a été construit par ordre de Louis XIV, en 1666, et fini en 1680. Paul Riquet est l'homme de génie auquel la France doit cet ouvrage aussi hardi qu'utile.

NOTES.

TROISIEME CHANT.

(1) *Ces bois, noirs aliments des volcans enflammés.*

On a voulu renfermer dans l'expression la plus succincte les différentes matières que la nature emploie pour l'entretien des feux volcaniques. Il paroît néanmoins, par les expériences de plusieurs physiciens célèbres, que les bois et tous les végétaux fossiles ne sont pas les seules matières propres à entretenir les feux souterrains. Lemery, Homberg, Newton, Hoffman et Boerhaave ont obtenu, par le mélange du soufre, du fer et de l'eau, des effets à-peu-près semblables aux feux qui embrasent les volcans. Ces expériences, présentant en petit les mêmes résultats que la nature produit en grand, doivent au moins faire soupçonner que les bois noirs, les charbons de pierre, etc. ne sont pas les seules matières que la nature puisse employer pour alimenter le foyer des volcans, sur-tout si l'on fait attention que la terre renferme des amas considérables de pyrites sulfureuses et ferrugineuses qui n'ont besoin que du concours de l'eau pour s'enflammer. Si l'on observe que l'acide vitriolique, se combinant avec le fer, produit une grande chaleur, et beaucoup d'air inflammable que mille circonstances peuvent allumer, il sera bien évident que ces feux produits sans l'entremise d'aucune substance végétale pourroient causer les plus terribles explosions, soit en vaporisant l'eau, soit en dilatant l'air atmosphérique, qui, selon M. Hales, se trouve concentré dans les pyrites vitrioliques ou sulfureuses, dans la proportion de 1 à 83. Si on ajoute à ces réflexions celles de Spallanzani sur le même sujet, on doutera au moins que le foyer des volcans soit alimenté par des végétaux fossiles.

(2) *Semblent offrir aux yeux des plantes étrangères.*

Les empreintes que l'on trouve dans nos climats sur les schistes, qui sont le toit des couches de charbon de pierre, appartiennent évidemment à des plantes qui nous sont étrangères aujourd'hui : il s'y trouve, par exemple, des calamites, des écorces de palmiers de la forme la plus variée et la plus curieuse : si l'on y rencontre quelquefois des empreintes qui ressemblent à nos fougères, c'est que dans cette classe extrêmement nombreuse il est un grand nombre d'espèces exotiques échappées aux recherches des Plumier, des Rumph, des Petiver, et dont l'œil exercé du botaniste ne peut qu'à peine, après une comparaison longue et bien suivie, distinguer les empreintes de celles des plantes de nos climats. Dans les mémoires de l'académie de 1782, Daubenton cite des schistes dont les impressions lui ont paru provenir de plantes croissant dans le pays. Lemonnier, dans ses Observations d'histoire naturelle, croit avoir reconnu l'*osmunda regalis* sur un schiste d'une houillère d'Auvergne ; mais ces observations ne sont pas convaincantes. Dans les mines de charbon de pierre du val de Villé les empreintes de feuilles verticillées sont beaucoup plus fréquentes que celles de plantes dorsifères. Il y auroit cependant de la témérité à assurer qu'elles sont de l'espèce du caille-lait de nos contrées : il est plus probable que l'une des empreintes venant de Taninge en Faucigni, que M. Tingry a décrites dans le premier volume des Transactions de la société linnéenne de Londres, est l'*aspleniven nodosum* de l'Amérique méridionale ; et il existe un si grand nombre d'empreintes qui diffèrent entièrement de nos plantes, que l'on est forcé de les rapporter à une époque où le climat et les productions de notre pays différoient de ce qu'ils sont aujourd'hui. Les belles écorces de palmier, si variées, qui se trouvent sur-tout dans les schistes de Duttweiler près de Saarbrücken, fournissent un fait de plus à l'appui de cette assertion. Pour fixer son opinion sur cette matière, on consultera avec fruit l'ouvrage de Moraud sur les charbons de pierre, l'*Herbarium diluvianum* de Scheuchzer, la *Silesia subterranea* de Volckmann, et la belle suite d'empreintes que Mylius a publiées dans l'ouvrage intitulé *Memorabilia Saxoniæ subterranea*.

(3) L'un sur l'autre sculptés par les mêmes rameaux.

Jussieu, dans les Mémoires de l'académie de 1718, donne l'explication suivante de la raison pour laquelle, dans deux couches de schiste à empreintes séparées l'une de l'autre, on ne voit pas sur l'une l'impression de la page supérieure de la feuille, et sur l'autre celle de l'inférieure.

« Nous supposons, dit-il, les feuilles flottantes sur la
« superficie d'une eau qui, dans ses agitations, étoit
« encore plus chargée d'un limon bitumineux qu'elle
« avoit détrempé, que du sel dont elle étoit naturelle-
« ment imprégnée. Ce limon a couvert la surface de ces

TROISIÈME CHANT. 179

« feuilles flottantes, y a été retenu par la quantité de
« nervures dont elles sont traversées, s'y est uni si inti-
« mement à elles qu'elles en ont pris jusqu'aux moindres
« vestiges, et y ont acquis d'autant plus de consistance
« que ces feuilles, par la qualité de leur tissu serré, ont
« résisté plus long-temps à la corruption. Comme néan-
« moins elles se sont enfin pourries, et que le limon qui
« les couvroit n'a pu manquer de se précipiter soit par la
« soustraction du corps qui le soutenoit, soit parceque,
« devenu par cette soustraction plus pénétrable à l'eau,
« il s'est trouvé plus pesant ; c'est dans cette précipitation
« que ces lames limoneuses tombant sur les surfaces unies
« d'un limon détrempé, y ont marqué la figure des feuilles
« dont elles avoient conservé l'empreinte.

« L'explication de ce mécanisme rend sensible la sin-
« gularité de la représentation d'une seule et même face
« de ces feuilles de plantes en relief sur une lame, et
« en creux sur celle qui lui est opposée : ce qui arrive
« de la même manière qu'un cachet, imprimé en relief
« sur une lame de terre, se rend en creux sur une autre
« lame molle sur laquelle celle-là est appliquée.

« L'on ne peut pas dire que l'une soit celle du revers
« de la feuille, tandis que l'autre est celle du dessus,
« puisque cette feuille ayant été pourrie, est devenue
« incapable d'imprimer ce revers ; sa pourriture est si
« certaine, que sa substance ayant changé, a teint ces
« empreintes en noir, et ce qui est resté attaché à cette
« lame n'a rendu tout au plus que quelques empreintes
« moins parfaites, parceque ce superflu a rempli la gra-
« vure de l'impression, et s'y trouve aujourd'hui en

« poudre entre quelques unes de ces lames lorsqu'on les
« sépare. »

(4) Aux voyageurs encore en fait de longs récits.

Ces accidents sont assez fréquents, mais ils sont peu considérables, ou, arrivant dans des endroits non habités, ils sont bientôt oubliés, et souvent même inconnus. On trouve de ces faits dans l'histoire ancienne: Pausanias en cite un au sujet de la ville Idée, au pied du mont Sipyle. Un exemple des plus frappants dans ce genre est la destruction du magnifique bourg de Pleurs, riche par ses fonds de terre, par le commerce et l'industrie de ses habitants, environné de belles maisons de campagne, et situé dans la Valteline au pied du mont Conto. Le 6 septembre 1718, après des pluies abondantes, par une nuit calme et un temps serein, tout-à-coup la montagne s'entr'ouvrit, tomba sur ce bourg, l'abyma, et ensevelit tout vifs ou écrasa sous ses ruines deux mille quatre cent trente habitants, qui formoient sa population ; pas un seul n'échappa. La montagne enveloppa dans sa chûte le village de Schilano, composé de soixante et dix-huit feux, et couvrit une lieue quarrée de ses débris. Leurs voisins, les habitants de Chiavenne, furent surpris de voir à sec leur rivière, dont les eaux avoient été interceptées par la montagne en débris. La description de ce funeste événement se trouve dans l'Histoire naturelle de la Suisse, par Scheuchzer, en deux planches gravées : le bourg, tel qu'il étoit, se trouve sur l'une ; on voit sur l'autre la contrée telle qu'elle existe depuis l'écroulement. A la description de la catastrophe de Pleurs, que donne

TROISIÈME CHANT.

Robert dans son Voyage dans les treize cantons suisses, etc., il ajoute celle de la chûte de la partie supérieure de la montagne du Diableret, arrivée dans le Valais en 1714; et il cite un pareil événement arrivé précédemment dans le Valais en 1534, et qui fit périr deux villages.

(5) *L'observateur le suit d'un regard curieux.*

Personne n'a écrit sur cet objet d'une manière plus lumineuse que M. Rouenne, beau-père du célèbre Darcet, professeur au collége de France, l'un des plus fameux chimistes de l'Europe, et auteur de plusieurs mémoires excellents sur différents objets d'histoire naturelle, et particulièrement sur les montagnes. (*Note de l'auteur.*)

(6) *A vu sa dernière heure et son dernier festin.*

Il seroit inutile de rappeler au lecteur la découverte qui a été faite dans ces derniers temps des villes de Pompeïa et d'Herculanum, englouties lors de la fameuse éruption du Vésuve décrite par Pline le jeune.

(7) *Gloire, honneur à Buffon, qui, pour guider nos sages, etc.*

Les Epoques de la nature sont l'ouvrage le plus étonnant qui ait paru dans le dix-huitième siècle; aucun ne lui est comparable pour la grandeur des idées, l'étendue des connoissances, la majesté du style : nul écrivain n'a réuni autant de faits dans un aussi court espace, et n'a mieux montré la dépendance des phénomènes particuliers des lois générales. S'il n'a pas trouvé la vraie manière dont notre système planétaire a été formé, on doit au moins convenir qu'il est impossible de mieux lier tous les faits, toutes les observations, toutes les lois de la nature, avec une supposition, si toutefois on peut appeler *supposition* une idée qui dans cet immortel ouvrage ne paroit être qu'une conséquence des faits ; conséquence étonnante, à la vérité, mais arrachée par la force des analogies, et réclamée par toutes les lois qui maintiennent l'ordre admirable de l'univers.

En déroulant les archives du monde, Buffon a été frappé des grands et nombreux monuments qu'elles renferment. Il n'y a que l'éloquence du Pline français qui soit comparable à celle avec laquelle ces monuments déposent des changements arrivés au globe : il les a examinés ; et aidé d'une connoissance profonde des lois de la nature, et de la manière dont avec le temps elles modifient les êtres, il a conclu de leur état actuel les différents états où ils ont été : il s'en est servi comme d'échelons pour remonter les siècles ; et, les suivant toujours sur la route éternelle du temps, il indique les divers changements qu'ils ont éprouvés dans les différents âges du monde. Quoique la terre soit composée d'une immense quantité de substances différentes, aucune n'a échappé à ce vaste et puissant génie ; elles paroissent les unes après les autres, et semblent raconter toutes les révolutions qu'elles ont éprouvées depuis leur origine jusqu'à nos jours.

(8) Eleva sept fanaux sur l'océan des âges.

L'auteur craint que ce vers ne soit une réminiscence, et se croit obligé d'en avertir le lecteur. (*Note de l'auteur.*)

TROISIÈME CHANT.

(9) *Par ses ambassadeurs courtisa la nature.*

Plusieurs naturalistes ont reproché à Buffon d'avoir trop peu voyagé, trop peu vu par lui-même. Le nombre prodigieux des mémoires qu'il se procuroit sur les différents objets de son travail ne pouvoit le dédommager des connoissances qu'il auroit acquises sur les lieux, et des impressions qu'il auroit reçues des objets mêmes. Il ne faut pas cependant trop étendre ce reproche ; car si pour écrire l'histoire du monde il falloit avoir tout vu par ses yeux, les connoissances des générations passées seroient inutiles, les recherches, les voyages des savants seroient superflus. Buffon a consulté tous les naturalistes anciens et modernes. Si, comme lui, tous n'ont pas été doués de cette étendue de génie qui embrasse l'univers, le plus grand nombre a été capable d'en décrire exactement quelque partie : chacun d'eux avoit mis sur la place quelques matériaux, comme on amoncelle confusément les pierres, les bois et les marbres destinés à la construction d'un grand édifice. Buffon arrive ; il s'en empare, il les met chacun à leur place ; et devenant l'architecte du monde, il déchire le voile qui cachoit la nature, et la montre au genre humain telle qu'elle a été et telle qu'elle est. Mieux vaut qu'il ait bâti l'édifice que d'être allé chercher au loin quelque pièce nouvelle, qui, si elle est trouvée, aura sûrement sa place dans le temple magnifique qu'il a élevé.

(10) *L'histoire de ce grain est l'histoire du monde.*

Si on examine avec un peu d'attention les marbres, les pierres, les craies, etc., on voit qu'elles contiennent

encore des coquilles ou des détriments de coquilles très reconnoissables, et en si grande quantité qu'on ne peut douter qu'elles ne forment la base de toutes les substances calcaires. En y réfléchissant, on ne peut s'empêcher de croire que le plus puissant moyen que la nature ait employé pour la formation de ces substances ne soit le *filtre* de ces animaux à coquilles, dont les facultés digestives ont la propriété de convertir l'eau en pierre ; car toutes les coquilles formées par la sécrétion ou l'exsudation de ces animaux sont de véritables pierres, qui, soumises à l'analyse chimique, donnent les mêmes résultats que celles qu'on tire des carrières. L'esprit a de la peine à se familiariser avec la prodigieuse quantité de ces animaux à coquilles, nécessaire pour la formation de toutes les substances calcaires ; aussi est-ce de tous les phénomènes que présente l'histoire du monde celui qui a le plus étonné les naturalistes : ils ont trouvé des couches et des amas immenses de coquillages dans toutes les parties de la terre ; ils en ont vu sur les montagnes à quinze cents toises au-dessus du niveau de la mer, et dans les plaines les plus éloignées du séjour naturel de ces animaux, à cent et deux cents pieds de profondeur. Tous les bancs de pierres calcaires, de marbre, de craie, de plâtre, etc. paroissent composés des débris de ces animaux marins ; c'est par lieues quarrées, c'est par provinces, qu'il faut estimer leur nombre. « Tout nous démontre, dit Buffon,
« que la pierre calcaire, produite par l'intermède de
« l'eau, est un des plus étonnants ouvrages de la nature,
« et en même temps un des plus universels : il tient à la
« génération la plus immense peut-être qu'elle ait enfantée

« dans sa première fécondité ; cette génération est celle
« des coquillages, des madrépores, des coraux, et de
« toutes les espèces qui filtrent le suc pierreux et pro-
« duisent la matière calcaire, sans que nul autre agent,
« nulle autre puissance particulière de la nature, puisse
« ou ait pu former cette substance. La multiplication de
« ces animaux à coquilles est si prodigieuse qu'en s'amon-
« celant ils élèvent encore aujourd'hui en mille endroits
« des ressifs, des bancs, des hauts-fonds, qui sont les
« sommets des collines sous-marines, dont la base et la
« masse sont également formées de l'entassement de leurs
« dépouilles. Toutes les isles basses du tropique austral
« semblent, dit M. Forster, avoir été produites par des
« polypes de mer ; une des isles basses découverte par
« M. Bougainville, quoiqu'à moitié submergée, parut à
« M. Forster n'être qu'un grand banc de corail de vingt
« lieues de tour ; les bords de l'isle sauvage, l'une des
« Amies, ne sont que des rochers de productions de
« polypes.

« Qu'on se représente pour un instant, dit encore
« Buffon, le nombre des espèces de ces animaux à co-
« quilles, ou, pour les tous comprendre, de ces animaux
« à transsudation pierreuse ; elles sont peut-être en plus
« grand nombre dans la mer que ne l'est sur la terre le
« nombre des espèces d'insectes : qu'on se représente
« ensuite leur prompt accroissement, leur prodigieuse
« multiplication, le peu de durée de leur vie, dont nous
« supposerons néanmoins le terme moyen à dix ans ;
« qu'ensuite on considère qu'il faut multiplier par cin-
« quante ou soixante le nombre presque immense de

« tous les individus de ce genre pour se faire une idée de
« toute la matière pierreuse produite en dix ans; qu'enfin
« on considère que ce bloc, déjà si gros, de matière pier-
« reuse doit être augmenté d'autant de pareils blocs qu'il
« y a de fois dix dans tous les siècles qui se sont écoulés
« depuis le commencement du monde, et l'on se familia-
« risera avec cette idée, ou plutôt cette vérité, d'abord
« repoussante, que toutes nos collines, tous les rochers
« de pierres calcaires, de marbres, de craies, etc. ne
« viennent originairement que de la dépouille de ces
« animaux. »

Mais comment des animaux qui ne peuvent vivre et se multiplier qu'au sein des ondes ont-ils formé par leurs dépouilles la majeure partie des matières qui recouvrent le continent? Ce fait incontestable ne peut être expliqué qu'en adoptant l'opinion des naturalistes qui pensent que ces mêmes continents ont été couverts par les eaux dans les premiers âges du monde, et que pendant une longue suite de siècles les animaux marins y ont vécu et multiplié comme ils vivent et multiplient aujourd'hui dans les mers; peut-être même y étoient-ils en plus grande abondance : probablement les espèces étoient plus nombreuses; car parmi les dépouilles de ces animaux il en est un grand nombre dont on ne retrouve plus les analogues vivants. Sans doute que dans sa première jeunesse la nature travailloit la matière vivante avec plus d'énergie, puisque parmi ces mêmes dépouilles on trouve des espèces gigantesques qui n'existent plus.

En examinant avec un peu plus d'attention la manière dont les chaînes de montagnes sont sillonnées, on ne peut s'empêcher de croire qu'elles doivent leurs formes, et leurs contours aux courants des eaux ; les angles saillants qui correspondent exactement aux angles rentrants dans les montagnes opposées en sont une probabilité. Cette probabilité devient une certitude si on considère que les montagnes séparées par un vallon sont de la même hauteur ; qu'elles sont composées de couches de matières placées horizontalement, ou également inclinées les unes sur les autres, et de la même épaisseur ; que dans les montagnes ou collines opposées les substances de même nature se trouvent à la même hauteur, c'est-à-dire que si à droite on trouve à cinquante toises un banc de marbre ou d'ardoise, ce banc de marbre ou d'ardoise se retrouve à la même hauteur et dans les mêmes dimensions dans la montagne à gauche. Si l'on remarque que toutes les couches de terres, de sables, de pierres calcaires, d'argiles, de marbres, de graviers, de craies, de plâtres, etc., sont ou composées des dépouilles d'animaux à coquilles, ou renferment des plantes marines, des squelettes de poissons marins, etc. ; que les coquilles sont dans les marbres et les pierres les plus dures aussi bien que dans les craies, les plâtres et les terres ; qu'elles sont incorporées dans ces matières et remplies des substances qui les environnent ; on ne pourra guère douter du séjour des eaux sur nos continents, où elles ont produit les mêmes effets qui se passent aujourd'hui au sein des mers. Régulièrement soulevées et abaissées deux fois le jour par les forces attractives de la lune et du soleil ; agitées par les vents alizés, les eaux ont formé des courants qui ont sillonné les montagnes en creusant les vallées, de manière que par-tout où il y aura un angle rentrant il s'en trouve vis-à-vis un saillant dans la montagne opposée. A chaque mouvement de flux et de reflux, les eaux, chargées des matières qu'elles détachent et qu'elles transportent quelquefois à de grandes distances, les ont déposées en forme de sédiments. Ces sédiments multipliés ont formé des couches, qui, parceque l'eau tend toujours à se mettre de niveau, sont horizontales ou également inclinées, selon la disposition de la base qui les a reçues. Ces couches ont été mélangées de différentes substances marines que les eaux ont apportées avec les autres matières. Les coquillages étant les plus abondants ont dominé dans la composition de ces couches ; ils se sont remplis des matières environnantes, et se sont pétrifiés dans ces matières, lorsque, par quelqu'une de ces révolutions physiques dont parle l'histoire du monde, les eaux se sont retirées, et ont laissé les continents à découvert. Alors ces matières se sont peu-à-peu déchargées des eaux dont elles étoient saturées ; en se desséchant leur volume a diminué ; elles se sont fendues, et ces fentes ont dû se faire dans la direction de la force de pesanteur, c'est-à-dire perpendiculaire à l'horizon : c'est ce qu'on voit aujourd'hui dans les bancs de pierre, de marbre, etc., qui sont tous divisés par des fentes perpendiculaires qui les traversent dans toute leur épaisseur.

(11). *Vous cherchez ces forêts de fucus, de roseaux.*

On désigne ici sous les noms de *fucus* et de *roseaux* toutes les plantes qui croissent sous les eaux sans le contact immédiat de l'air, ou celles qui ne participent aux influences de l'atmosphère que par leurs sommités, et dont les racines sont constamment submergées : elles sont connues sous les noms d'*algue*, de *varec*, de *goëmons*, de *sargazo*, d'*herbes flottantes*, de *roseaux*, de *joncs*, de *bambous*, etc.

L'histoire naturelle de ces plantes est devenue singulièrement intéressante par les recherches et les découvertes de plusieurs naturalistes célèbres, qui ont fait connoitre la manière dont elles croissent et se reproduisent, qui ont exactement décrit leurs formes variées, et dépeint les nuances de leurs couleurs, comme on peut le voir dans les ouvrages de Linné, Adanson, Klein, Donati, et dans les Mémoires de Réaumur, lus à l'académie des sciences en 1711 et 1712.

On sait que ces plantes ne croissent que sur les plages basses de la mer, comme sur les côtes, sur les collines et les montagnes sous-marines; qu'elles ne se trouvent point dans les hautes mers : seroit-ce parceque les rayons du soleil ne pénètrent pas jusqu'à ces profondeurs? Quoi qu'il en soit, c'est un fait que cette espèce de végétation s'établit sur les côtes et dans les mers basses, comme la mer Pacifique, la mer Atlantique, à la Guyane, au cap de Bonne-Espérance, dans l'Archipel indien, dans la mer de Corée, etc. Ces plantes se trouvent quelquefois en si grande abondance, qu'elles gênent et même arrêtent les vaisseaux dans leur route. La navigation de plusieurs fleuves est impraticable à cause des forêts de joncs et de bambous qui les obstruent.

L'homme, qui met à contribution toute la nature pour

augmenter ses jouissances, a su tirer parti de tous ces végétaux : dans quelques uns, qui renferment des parties sucrées, il a trouvé un aliment agréable ; d'autres ont été employés à la nourriture des bestiaux : il s'en est servi pour couvrir sa maison, pour former des clôtures, etc. Ceux dont la fibre s'est trouvée forte, souple et élastique, ont été apprêtés et filés en cordages. La médecine a recherché les propriétés salutaires de ces végétaux, et plusieurs expériences ont réussi. Il en est, comme les *algues*, qui résistent long-temps à la corruption, et qui par cette raison entrent avec avantage dans la composition des digues. En brûlant les *algues* elles donnent un sel abondant, qu'on emploie utilement pour accélérer la fusion du sel vitrifiable. Par la combustion de toutes ces plantes on obtient un sel connu dans le commerce sous le nom de *soude*, qui s'emploie le plus ordinairement au blanchissage des toiles.

Cette végétation marine favorise la multiplication des poissons, qui y déposent leur frai ; elle nourrit une grande quantité d'insectes, qui deviennent la pâture des jeunes habitants des eaux ; ceux-ci, en filtrant dans les détours de ces forêts sous-marines, échappent à la voracité des tyrans des mers. Peut-être même que cette végétation aquatique purifie l'élément liquide, comme la végétation terrestre purifie l'atmosphère. Après avoir rempli ces différentes destinations dans l'économie de la nature, ces végétaux se détachent du sol qui les a vu naître ; ils sont emportés par les vagues, et, inutiles aux habitants des eaux, l'océan, par ses oscillations constantes, les porte sur les côtes, en forme des amas, dont l'homme tire le plus grand avantage en les employant comme engrais. Par une suite des lois admirables de la nature, ces plantes ne sont pas plutôt livrées aux influences de l'air et de la chaleur qu'elles entrent en fermentation ; elles se décomposent et deviennent un terreau, qui, répandu sur les champs, les fertilise en rendant la végétation plus active et plus vigoureuse. C'est ainsi que la nature fournit à l'homme des moyens de rajeunir son domaine épuisé par les dons fréquents qu'il en a reçus ; c'est ainsi que la fécondité de la terre ne vieillit pas, et qu'elle promet aux générations suivantes des subsistances toujours assurées.

Des naturalistes pensent que la plupart des bancs de houille, de tourbe, et même de charbons de terre, ne sont autre chose que des amas de ces végétaux pourris et entassés. Les substances marines, les coquillages, les empreintes des poissons, etc. qu'on y remarque, paroissent justifier ces conjectures. On voit que le père du genre humain, dans la formation de l'univers, a prévu que les végétaux du continent ne suffiroient pas aux différents besoins des hommes, et qu'il leur a ménagé pendant des milliers de siècles ces amas de matières combustibles propres à entretenir le feu actuel, si nécessaire à la vie et au bonheur de ses enfants.

(12) *Des insectes des mers miraculeux travaux.*

C'est de nos jours seulement que les naturalistes ont enfin découvert l'origine de ces substances marines. De très bons observateurs, comme M. de Marsigli, avoient rangé les matières pierreuses qui composent l'habitation des polypes de mer dans le règne végétal, et parmi les plantes sous-marines. Mais, d'après les observations de MM. Peyssonel, Réaumur et Jussieu, on ne peut douter aujourd'hui que les coraux, les corallines, les litophytes, les escharres, les alcyons, les éponges, et toutes les variétés nombreuses des madrépores, ne soient des cellules de diverses espèces de vers-insectes qui se multiplient avec une abondance incalculable, de manière que chacune des cellules loge un insecte, comme chacune des alvéoles de la ruche loge une abeille, et que toute la masse des polypiers divers est pour les républiques de ces différents insectes ce que la ruche est pour la république des abeilles, avec cette différence cependant que l'alvéole n'est pas absolument nécessaire à l'existence de l'abeille, au lieu que les vers-insectes, générateurs des polypiers, ne peuvent vivre sans leur cellule; elle est aussi nécessaire à leur existence que la coquille l'est à la vie de l'huître.

Les formes variées de ces ruches calcaires, les rameaux dont elles se composent, qui souvent, à la manière des plantes, sont postés sur un seul tronc, avoient séduit les naturalistes, qui ont pris les bras du polype pour des étamines, ses œufs pour des graines, et les polypiers pour des plantes. Cependant ces prétendues plantes sont sans racines; elles sont fixées sur des corps durs par une substance glutino-pierreuse, et elles font effervescence avec les acides, comme toutes les matières calcaires. La composition de ces prétendues plantes décèle qu'elles ont pris leur accroissement par juxta-position, et non pas par intus-susception, comme les végétaux; et les animaux vivants qu'elles renferment déposent assez énergiquement contre l'erreur des premières observations.

On peut d'ailleurs se rendre raison de la manière dont les différentes branches des polypiers ont pu se former. Que quelques uns de ces insectes innombrables qui suent la pierre, de l'espèce qui forme le corail, par exemple, aient établi leur demeure sur le coin d'un rocher, ils auront d'abord élevé un bloc de corail nécessaire à leur existence, et qui se sera durci à mesure qu'avec le temps ces animaux auront transpiré la matière qui le compose ; ils se seront multipliés, et leur demeure sera devenue insuffisante : les générations nouvelles auront été obligées de se construire de nouvelles habitations, et, prenant pour base le premier bloc construit par les fondateurs de la colonie, ils se seront écartés à droite, à gauche, dans tous les sens, selon qu'ils auront été plus ou moins nombreux ; ce qui a pu produire ces différents rameaux qui partent du même tronc : les premiers habitants eux-mêmes auront été obligés de quitter leur première demeure, dont la capacité diminue à chaque instant, en se solidifiant par l'exsudation constante de ces animaux, qui disparoît à la fin totalement, comme on peut s'en convaincre en rompant les parties du polypier naturellement abandonnées.

(13) *Ces monstres qui de loin semblent un vaste écueil.*

Ces monstrueuses baleines, ces cachalots, qui abondent non seulement dans les mers du nord où l'on va à leur pêche, mais encore dans d'autres mers, et dont la majeure partie est encore si peu connue. Parmi ces grandes espèces marines il en est une, réputée fabuleuse à la vérité par plusieurs écrivains, mais dont l'existence a cependant été rendue probable d'après les différentes relations de plusieurs auteurs modernes dignes de foi ; c'est le fameux *kraken*, dont néanmoins les dimensions ont pu être grossies par la peur. Le grand poulpe de mer, *sepia octopedia*, parvient aussi à une grosseur monstrueuse. Pourquoi dans les mers peu fréquentées ne pourroit-il pas parvenir à un accroissement extraordinaire, comme dans certains pays des serpents parviennent à une taille gigantesque ?

(14) Salut, pompeux Jura !

Le Jura est un des rameaux principaux des Alpes, qui de la Cluse au voisinage du lac de Genève prend sa direction vers le nord, et s'étend entre la France et la Suisse : il produit la chaîne des Vosges ; celles-ci en s'abaissant se perdent dans les montagnes des Ardennes, qui expirent aux plaines des Pays-Bas. Peut-être les montagnes de la Forêt-Noire sont-elles encore une prolongation du Jura.

(15) Terrible Montanvert !

« Entre la France et la belle Italie je vois réunies les
« horreurs des deux pôles et l'image de la nature telle
« qu'elle a dû être au sortir du chaos ; des monts sour-
« cilleux, décharnés, déchirés du haut en bas, crevassés,
« fracturés dans toute leur étendue, menaçant les cieux
« de leurs cimes chenues, paroissent défier la fureur des
« éléments réunis et la marche destructive du temps.....
« Au bas de ces monts, que vois-je encore ? l'image d'une

« mer en courroux qu'un gel subit auroit saisie, une
« vaste étendue d'une glace solide épaisse de plusieurs
« centaines de pieds! Mes regards étonnés en suivent les
« ondes, les couches, les crevasses, et je vois ces glaces
« énormes se prolonger au loin et se joindre à d'autres
« masses de glaces qui couvrent les sommets. Nous voilà
« transportés dans la nouvelle *Zemble*, dans un autre
« *Spitzberg*, pays perdus pour les hommes : comment se
« peut-il que si loin des pôles, sous un ciel tempéré,
« nous retrouvions les mêmes phénomènes »? Description du Montanvert, par M. Bourrit, dans sa *Nouvelle description générale et particulière des glacières, vallées de glaces et glaciers qui forment la grande chaîne des Alpes de Suisse, d'Italie et de Savoie;* tome III.

(16) O France, ô ma patrie! ô séjour de douleur!

Ce morceau a été écrit en 1793.

(17) Dans ses balancements monte et descend la sève.

Le mouvement de la sève se fait-il dans les plantes comme celui du sang dans les animaux? C'est ce dont tous les physiciens naturalistes ne conviennent pas. Tous reconnoissent le mouvement de la sève, tous s'accordent à la regarder comme le moyen employé par la nature pour l'entretien de la vie végétale; tous disent que la sève monte des racines aux dernières extrémités des rameaux, et qu'elle descend de ces extrémités aux racines : mais ils ne s'accordent pas à regarder ce mouvement comme une véritable circulation semblable à celle du sang, qui part du cœur et est poussé jusqu'aux extrémités des membres, puis de là ramené par d'autres canaux jusqu'au cœur. Les sages attendent que de nouvelles expériences les aident à prononcer. Ils ont appris, par les découvertes faites dans l'économie végétale, que les plantes prennent la majeure partie de leur nourriture par les feuilles et les rameaux, et l'autre partie par les racines ; ils savent que la sève qui descend est plus abondante que celle qui monte, qu'elle a aussi des qualités différentes : ils ne voient pas encore dans la structure des plantes les organes capables de pousser la sève d'une extrémité à l'autre, comme l'anatomie le leur montre par rapport au mouvement du sang dans les animaux. On a bien distingué les vaisseaux qui portent la sève des racines aux feuilles, de ceux qui la conduisent des feuilles aux racines ; on a reconnu ceux par le moyen desquels l'air exerce son influence sur la végétation ; on est parvenu à estimer les effets de la chaleur sur l'économie végétale : mais on n'a pas découvert dans les plantes les organes qui opèrent l'étonnant phénomène de la circulation du sang : c'est pourquoi on n'ose encore qualifier de circulation le mouvement de la sève ; on se contente de la nommer un balancement, une espèce de mouvement oscillatoire ascendant et descendant, regardé jusqu'à ce jour comme inexplicable.

Mais s'il n'est pas encore possible de pénétrer ce mystère, on en est bien dédommagé par les découvertes surprenantes déjà faites. Quoi de plus admirable que la structure ou l'organisation des plantes ! quel mécanisme étonnant ! On y découvre des vases ou des moules différents dont la nature se sert pour préparer la sève et la rendre propre à former les différentes parties dont elles sont composées : il y en a pour former l'écorce, le bois, les épines, les poils ou le duvet, la moëlle, le coton, les fleurs et les graines. L'esprit le plus actif et le plus curieux trouvera toujours de quoi se satisfaire dans l'étude des végétaux. S'il ne peut pas connoitre tout le mécanisme de la circulation de la sève, il peut savoir comment s'opère l'élaboration de ce suc. En pénétrant dans le laboratoire de la nature, il reconnoitra l'usage et les effets des utricules, des trachées, des vaisseaux propres ; il verra l'emploi qu'elle fait des racines, du chevelu, des fibres, du bois, des feuilles, des fleurs : s'il suit la nature dans ses procédés pour la reproduction, il étudiera les graines ; il recherchera l'usage qu'elle fait de la pulpe ou des lobes, de la plantule, des feuilles séminales, des nœuds, des boutons, des provins, etc. Qu'il joigne à toutes ces connoissances des observations botanico-météorologiques, il pourra seconder la nature dans la reproduction et l'entretien des végétaux, rendre les plus importants services à l'agriculture, et par conséquent à l'humanité.

(18) De leurs secrets pouvoirs connoissez les mystères.

Aux yeux des hommes qui ne se sont pas occupés des moyens que la nature emploie pour la reproduction des êtres, et pour revêtir la surface de la terre de cette quantité prodigieuse de végétaux qui sont la base de la nature vivante, les mousses, par leurs tailles et leurs formes, ne paroissent que des plantes méprisables, qui, parmi les végétaux, sont au cèdre et au chêne ce que le puceron est à l'éléphant dans le règne animal ; ce n'est même que de nos jours qu'elles ont fixé d'une manière particulière l'attention des philosophes. Cependant, si l'on suit la marche de la nature, on s'aperçoit que les mousses ont joué et jouent encore un rôle important dans l'économie végétale, et que probablement c'est par elles que la surface de la terre s'est couverte de verdure. Cette espèce de végétation s'établit sur les rochers les plus durs et les plus unis ; elle s'attache aux marbres les plus polis, et les dégrade s'ils sont négligés ; on en voit sur les tuiles et les ardoises des anciennes maisons. Les graines des mousses n'ont besoin pour germer et pousser que de toucher la couche imperceptible des matières huileuses, savonneuses, etc., qui, volatilisées, nagent dans l'atmosphère, et sont déposées sur tous les corps frappés par l'air. La destruction de ces végétaux forme d'abord une couche de terreau qui contient des embryons capables de donner bientôt une mousse plus abondante ; et, par succession de temps et de destructions, le rocher se couvre peu à peu d'une plus grande quantité de terre, où des herbes peuvent croître, puis des plantes plus élevées, ensuite des broussailles, des arbrisseaux, et enfin des arbres. C'est par ce moyen que les rochers se couvrent de verdure ; et que la terre se pare de toute la pompe de sa richesse. On voit qu'au physique comme au moral le grand ne doit son existence qu'à la destruction du petit.

Ces plantes si dédaignées ont pourtant des propriétés : la médecine a su en tirer parti pour soulager nos maux ; l'art du teinturier en emploie utilement quelques espèces

TROISIÈME CHANT.

pour nuancer les couleurs; quelques unes sont purgatives, sudorifiques ou vermifuges ; aux Indes on regarde le *lycopodium* comme un excellent aphrodisiaque, et cette plante est célébrée dans toutes les fêtes où l'amour préside.

(19) Leurs utiles vertus, leurs poisons salutaires.

Le médecin habile ne connoît guère de poison qui soit tel absolument. Employées prudemment et à propos, les plantes réputées les plus venimeuses, la ciguë, la colchique, l'aconit, la pulsatille, la clématitte, la jusquiame, la belladonna, la stramonée, etc. deviennent des remèdes.

(20) Et rend à chaque plant son débris emprunté.

Ces vers expriment un fait arrivé au célèbre Jussieu, que ses disciples cherchoient en vain à tromper; et qui du premier coup d'œil aperçut dans l'assemblage factice de plusieurs débris de plantes les différentes parties dont il étoit composé. (*Note de l'auteur.*)

(21) Et la fraise des bois que leurs mains ont conquise.

On sait que la fraise est nommée par les botanistes *solatiolum herborisantium*. (*Note de l'auteur.*)

(22) Leur appétit insulte à tout l'art des Méots.

On connoît à Paris le célèbre restaurateur Méot. L'auteur est bien loin de prétendre donner à son nom la même célébrité que Boileau a donnée à Bergerat, connu dans son temps comme Méot dans le sien :

Et mieux que Bergerat l'appétit l'assaisonne.

NOTES.

Tout le monde a retenu ce vers de l'une des épîtres de Boileau. (*Note de l'auteur.*)

(23) Chacun vient en triomphe apporter ses conquêtes.

Il n'y a que l'homme animé d'un désir vif de connoître les végétaux, un botaniste passionné, qui puisse estimer tout le plaisir qu'on éprouve, au retour d'une herborisation, à nombrer et contempler toutes les plantes qu'on rapporte, et qu'on regarde alors comme une véritable conquête faite sur le domaine immense de la nature : il semble que ce sont des amis auxquels on donne l'hospitalité ; on les ménage comme des parents de familles nombreuses dont on désire faire la connoissance ; on étudie leurs traits, leur physionomie, leurs caractères, afin que par l'idée claire de l'individu on reconnoisse toute l'espèce. On redoute moins les mauvais temps et la saison des frimas, qui, en arrêtant la végétation, empêchent d'aller l'étudier; on arrange, on conserve chez soi les sujets qu'on désire connoître; et, pour que leurs traits et leurs physionomies s'altèrent le moins possible, on les fait d'abord essuyer entre deux feuilles de papier gris et à un degré de chaleur toujours proportionné à la quantité de parties aqueuses ou grasses dont ils sont chargés : la dessiccation faite, on les revoit encore pour les placer sur des feuilles de papier blanc, et dans l'ordre qu'exige le système de botanique qu'on a adopté ; quelquefois on se contente de les fixer dans l'herbier avec des épingles, afin de pouvoir les observer dans tous les sens avec plus de facilité ; ou bien on les colle avec la gomme, mais toujours dans l'attitude élégante de la nature. Si on se défie de sa mémoire, on a soin d'écrire à côté de chaque plante son nom, et toutes les qualités qu'on lui a reconnues dans ses beaux jours, lorsqu'on fit sa connoissance. A l'aide de l'étude on les garantit de la moisissure, et on en écarte les mites avec la poudre de coloquinte. Souvent le botaniste ne conserve que les images des plantes, soit par les arts du dessin, de la gravure ou de la peinture, ou simplement par l'empreinte; il les enduit de gomme ou d'huile, selon leur nature; il répand dessus quelque poudre colorante; il les dispose sur le papier blanc dans l'attitude qu'il juge convenable; il les place ensuite sous la presse, et l'empreinte reste sur le papier.

(24) L'argile à qui le feu donna l'éclat du verre.

L'argile dont il est ici question est une espèce de terre très blanche, qu'on mêle, dans une proportion reconnue par l'expérience, avec du quartz et du feld-spath, broyés au moulin, qui sont les matières premières qui entrent dans la composition des belles porcelaines de Sèvres. La nature a pris le soin de mélanger elle-même toutes ces matières : on trouve ces mélanges dans plusieurs endroits; mais nulle part ces matières ne sont réunies naturellement dans une proportion aussi favorable pour la composition de la porcelaine qu'à la Chine, où elles sont connues sous le nom de *kaolin*. C'est en analysant cette substance que l'art est parvenu à faire pour la France ce que la nature a prodigué aux heureux Chinois : c'est ainsi qu'en étudiant la nature nous obtenons d'elle ce qu'elle paroît avoir voulu nous refuser, et que si tout n'a pas été fait pour l'homme, au moins l'homme par son art sait profiter de tout.

(25) *Et les bois que les eaux ont transformés en pierre.*

Les pétrifications sont des corps organisés, qui, sortis du sein des mers ou de la surface de la terre, ont été ensevelis par divers accidents à différentes profondeurs, et qu'on retrouve aujourd'hui sous leurs formes et leurs contextures primitives, mais ayant changé de nature; ce qui étoit bois ou os est devenu pierre par une opération de la nature dont on peut se rendre raison.

Toute pétrification strictement telle n'est plus que le squelette ou l'image d'un corps qui a eu vie ou qui a végété; c'est ainsi que le bois pétrifié n'est plus le bois même. On sait que les bois ordinaires sont des corps dans lesquels le volume des pores excède de beaucoup le volume des parties solides. Lorsqu'ils sont déposés, enterrés dans certains lieux, il s'introduit dans leurs pores des sucs lapidifiques que les eaux entraînent avec elles, qui, extrêmement divisés et quelquefois colorés, en remplissent les capacités; ces sucs se condensent avec le temps et s'y moulent; ensuite les parties ligneuses et solides du bois entrent en fermentation, se décomposent, et sont chassées de leur place par les filtrations de l'eau; et par ce moyen elles laissent vide en forme de pores l'espace qu'elles occupoient. Dans le moment de la métamorphose du bois en pierre on n'aperçoit aucune différence ni sur le volume, ni sur la forme; mais il y a, tant à la surface qu'à l'intérieur, un changement de substance : ce qui étoit pore dans le bois naturel est devenu solide dans le bois pétrifié ; ce qui étoit plein dans le premier état est devenu vide ou poreux dans le second ; les sucs lapidifiques continuant à circuler et à se fixer dans ces nouveaux pores, ceux-ci se remplissent comme les premiers : cette seconde opération faite, il ne reste plus rien de la substance du bois, tout est changé en pierre, et cette pierre a les mêmes formes, la même contexture que le bois primitif, parcequ'il a servi de moule à la matière pierreuse, et que la nature dans cette opération s'est imitée et copiée elle-même.

Il y a donc, dit Mongez, quatre époques bien distinctes dans la marche que suit la nature pour convertir un morceau de bois en pierre, ou, en s'exprimant avec plus de justesse, afin de lui substituer un dépôt pierreux : 1° le bois végétal parfait, composé de parties solides et vides, de fibres ligneuses et de vaisseaux ; 2° le bois ayant ses vaisseaux remplis par un dépôt pierreux, et ses parties solides restant dans le même état ; 3° les parties solides, attaquées et décomposées, formant de nouvelles cavités entre les cylindres pierreux qui restent dans le même état et qui soutiennent toute la masse ; 4° enfin ces nouvelles cavités, remplies de nouveaux dépôts, faisant corps avec les cylindres, et ne composant plus qu'une masse totalement pierreuse, représentant exactement le morceau de bois. La nature suit la même marche pour opérer toutes les autres pétrifications.

(26) *Le lichen parasite aux chênes attaché.*

Les lichens sont des espèces de mousses qui ont une sorte d'analogie avec les fucus. En teinture et même en médecine on sait tirer parti de plusieurs espèces de lichens. Dans les climats du nord les animaux sauvages en mangent durant l'hiver. Voyez la note 19 de ce chant.

(27) *Le puissant agaric.*

C'est le même champignon, le bolet amadouvier, dont en le battant et l'imbibant de salpêtre on fait l'amadou, et qui préparé à la manière de Brossard sert à arrêter les hémorragies.

(28) *Le nénuphar.*

Il y en a deux espèces; l'une à fleurs jaunes, et l'autre, beaucoup plus belle, à fleurs blanches : la couleur ne fait pas leur principale différence. On fait usage des racines des deux espèces, mais des fleurs de la dernière seulement : on les regarde comme propres à éteindre les feux de l'amour physique.

(29) *Et ces rameaux vivants, ces plantes populeuses.*

Il est ici question des polypes de mer et d'eau douce. On peut voir ce qui a déjà été dit des premiers à la note 12, chant troisième. Les découvertes faites sur la nature des seconds ont singulièrement dérangé les idées qu'on s'étoit faites sur le règne animal. Qui croiroit en effet qu'il existe des animaux qu'on peut multiplier en les hachant en pièces; qu'en divisant un polype d'eau douce en dix, vingt ou trente morceaux, chacun de ces morceaux devient en peu de temps un polype semblable à celui dont il faisoit partie; qu'à chacun de ces tronçons il pousse une tête et des bras avec lesquels il saisit sa proie ? Que l'on coupe un polype en sa longueur en autant de lanières que l'adresse pourra le permettre, on verra autant de polypes ; que l'on partage la tête en deux, ces deux demi-têtes deviendront deux têtes parfaites ; que l'on réitère la même opération sur ces deux têtes, on en aura quatre ; qu'on traite de même ces quatre-ci, on en aura huit sur un seul corps ; que l'on fasse une semblable opération sur le corps, on aura huit corps nourris et conduits par une seule tête. L'hydre de la fable n'alloit pas jusque-là. Il y a plus : qu'on retourne comme un bas de soie un polype, qui n'est qu'une espèce de ver creux et transparent, il digère et vit comme auparavant.

Rien ne ressemble plus à une végétation que la manière naturelle dont les polypes se reproduisent. On remarque sur leur corps une légère excroissance de la forme d'un bouton ; c'est la tête d'un polype, de laquelle sortent les bras. On a compté jusqu'à dix-huit polypes sur le même sujet. Les jeunes polypes, même avant que d'avoir pris tout leur accroissement, donnent l'existence à d'autres polypes qui sortent de leur corps par les mêmes voies. Un père est souvent grand-père plus tôt qu'il n'a enfanté tout-à-fait son premier-né. Cette espèce d'arbre vivant présente à l'observateur le plus curieux spectacle. Lorsqu'un des polypes saisit quelque proie et qu'il l'avale, la nourriture se distribue à tous les autres polypes, qui sont comme autant de branches, et de même il est nourri de tout ce que les autres attrapent ; ici ce que le père mange profite aux enfants, et ce qu'un des enfants mange profite de même à toute la famille : le changement de couleur qui arrive alors à tous les polypes, suivant la couleur de l'aliment qui y est distribué, en est une preuve incontestable.

Un pareil assemblage de polypes est en quelque sorte un arbre mangeant, marchant, végétant, et poussant des branches. Il semble que la nature se soit plu à rassembler dans un seul sujet ce qu'on avoit cru jusqu'à présent faire un caractère distinctif entre les plantes et les animaux : aussi les naturalistes regardent-ils ce polype comme un être qui fait la nuance du végétal à l'animal.

(30). *L'animal recouvert de son épaisse croûte.*

C'est le rhinocéros, dont la peau est excessivement dure, et plus épaisse que le cuir d'aucun animal connu.

(31) *Celui dont la coquille est arrondie en voûte.*

C'est la tortue ou le tatou.

(32) *Le nautile sur l'eau dirigeant sa gondole.*

Le nautile est un genre de coquillage univalve, fait comme une gondole à poupe élevée. On a donné le nom de *nautile* à cette coquille, parcequ'on a prétendu que c'est de l'animal qui l'habite que les hommes ont appris l'art de la navigation. La forme de cette coquille approche à la vérité de celle d'un vaisseau, et l'animal semble se conduire sur la mer comme un pilote conduiroit un navire. Quand le nautile, qui n'est qu'un polype à plusieurs bras, veut nager, il élève deux de ses bras en haut, et étend en forme de voile la membrane mince et légère qui se trouve entre eux; il alonge deux autres bras, qu'il plonge dans la mer comme des avirons; un autre bras lui tient lieu de gouvernail : il ne prend d'eau dans sa coquille que ce qu'il lui en faut pour lester son petit navire, et afin de marcher avec autant de vitesse que de sûreté ; mais à l'approche d'un ennemi, ou dans les tempêtes, il replie sa voile, retire ses avirons, et remplit sa coquille d'eau pour s'enfoncer ou se précipiter plus aisément au fond de la mer. Il retourne sa barque sens dessus dessous lorsqu'il veut s'élever du fond de la mer, et, à la faveur de certaines parties qu'il gonfle ou comprime à volonté, il peut traverser la masse des eaux ; mais dès qu'il a atteint la surface il retourne adroitement son petit vaisseau, dont il vide l'eau, et épanouissant ses barbes palmées, il vogue et s'abandonne au gré des vents : c'est un navigateur qui est tout à la fois pilote et vaisseau.

(33) L'équivoque habitant de la terre et des ondes.

Les phoques, les morses, les lions et ours marins, les lamantins, sont, à proprement parler, les seuls animaux auxquels on puisse donner le nom d'amphibie dans toute l'acception du terme : ils paroissent les seuls qui puissent vivre également dans l'air et dans l'eau, parcequ'ils sont les seuls dans lesquels le trou de la cloison du cœur reste toujours ouvert ; ils sont par conséquent les seuls qui puissent se passer de respirer, et vivre également dans l'un et l'autre élément. Dans l'homme et les animaux terrestres, le trou de la cloison du cœur (qui, en laissant au sang le passage ouvert de la veine-cave à l'aorte, permet au fœtus de vivre sans respirer) se ferme au moment de la naissance, et demeure fermé toute la vie :

dans les animaux véritablement amphibies c'est le contraire, le trou de la cloison du cœur reste toujours ouvert, la communication du sang de la veine-cave à l'aorte subsiste toujours; de manière que ces animaux ont l'avantage de respirer quand il leur plaît, et de s'en passer quand il le faut : ils sont, dans le système de la nature vivante, le passage et la nuance des quadrupèdes aux cétacées; appartenant encore à la terre et déjà habitants des eaux, ils forment le passage de la vie animale de l'un à l'autre élément.

(34) Les oiseaux rameurs.

Les oiseaux aquatiques et les manchots, ou, comme Forster les a nommés, les aptenodytes, dont on connoît aujourd'hui une dixaine d'espèces. Ces oiseaux, excellents plongeurs, rament effectivement sous l'eau au moyen de leurs ailes très raccourcies, et garnies de pennes extrêmement petites, roides et comme écailleuses. Ces ailes sont très improprement appelées nageoires par ceux qui font plus attention à leur usage qu'à leur structure.

(35) Poissons ailés.

On connoît aujourd'hui plusieurs espèces de poissons volants, c'est-à-dire qui s'élancent hors de la mer, et se soutiennent et avancent en l'air aussi long-temps que leurs grandes nageoires ne se sont pas desséchées, ou jusqu'à ce que les albatrosses, les frégates et les paille-en-queue les forcent à se réfugier de nouveau dans l'eau, où ils trouvent de nouveaux ennemis dans les dorades, les bonites, les pelamides, et d'autres poissons voraces.

Ces poissons sont de huit espèces, connues sous le nom de *trigle*, dont le pirapède est le poisson volant par excellence.

(36) Des tumeurs d'une feuille ont fait leur domicile.

La nature, qui veille à la reproduction des êtres, a donné à un grand nombre d'insectes l'instinct de déposer leurs œufs dans des substances propres à nourrir leurs enfants aussitôt qu'ils sont éclos. On observe que les mouches connues sous le nom de *cynips*, sont armées sous le ventre d'un aiguillon, dont le jeu admirable s'exécute par une espèce de ressort caché dans l'intérieur de l'animal; le cynips s'en sert pour percer l'épiderme de la feuille, ou pour pénétrer dans le corps des chenilles, à dessein d'y déposer ses œufs. Ce dépôt fait dans l'entamure de la feuille cause une extravasion des sucs végétaux, ce qui donne naissance à ces fausses petites pommes, ces galles et autres excroissances de différentes formes, dans lesquelles le ver éclos trouve la nourriture et le logement. Roulé en forme de boule dans son appartement étroit, obscur, mais propre, commode, il y est à l'abri des intempéries de l'air et de tous les dangers. Parvenu à son dernier accroissement, il se change en chrysalide, s'ouvre une porte, déploie ses ailes, prend son essor, et devient habitant d'un autre élément.

(37) Rubans animés.

Les ténia, qui sont si variés dans les différents animaux, et dont l'homme nourrit aussi plus d'une espèce. On en connoît aujourd'hui un grand nombre. Le nom de solitaire est fort impropre; car celui qu'on avoit cru exister seul dans les intestins de l'homme, y a aussi été trouvé avec plusieurs autres. Les cucurbitains ne sont que des articulations détachées de ce ver.

(38) *Mouche qui bâtit.*

Il y a plusieurs espèces de mouches qui bâtissent. Rien de plus curieux que leur architecture, et de plus intéressant que les matériaux qu'elles emploient. Les arts pourroient peut-être profiter de l'instinct de ces industrieux animaux : la mouche maçonne construit plusieurs cellules avec des grains de sable dont elle sait composer un mortier, qui dans peu de temps acquiert la dureté des pierres les plus solides. N'est-ce pas là le fameux mortier des anciens Romains, que nos savants n'ont encore pu imiter? Plusieurs insectes bâtissent avec une substance qui est un vrai papier, ou du carton, etc.

(39) *Mouche qui file.*

Plusieurs naturalistes ont compris sous la dénomination de mouches les demoiselles dont les larves filent pour tapisser le logement où elles se métamorphosent. La larve du *formica leo*, dont l'histoire est si curieuse et si intéressante, devient une mouche demoiselle.

(40) *Ceux qui d'un fil doré composent leur tombeau.*

Ce sont les vers à soie.

(41) *Ceux dont l'amour dans l'ombre allume le flambeau.*

Il n'est aucun insecte dont les amours soient aussi cachées que celles des mouches à miel : il en est de même des thermès des zones torrides. Au reste il y a plusieurs autres insectes dont l'accouplement se fait ordinairement à couvert ; tels sont les carabes, les ténébrions, les blattes.

(42) *L'insecte dont un an borne la destinée.*

Beaucoup d'insectes vivent depuis le moment où ils sont éclos jusqu'à la même époque de l'année suivante, en passant l'hiver dans l'état de nymphes : d'autres vivent dans l'état de larve pendant quelques années ; il en est qui voient plusieurs générations dans le cours d'un été. Les insectes qui dans l'espace d'un jour et même de quelques heures terminent leur carrière (du moins celle de leur état parfait), sont les éphémères, appelées communément *mouches de Saint-Laurent*.

(43) *Venez avec l'éclat de vos riches habits,*
Vos aigrettes, etc. . . . . . .
Dont l'écaille défend la gaze de vos ailes.

La nature semble avoir voulu dédommager les insectes de leur foiblesse, en parant leur robe des plus vives couleurs : sur leurs ailes et leurs ornements de tête on voit briller l'azur, l'or, l'argent, le vert, le rouge, le jaune, etc.; les franges, les aigrettes, les houpes sont prodiguées, et les reflets de ces couleurs différentes sont au moins aussi vifs que ceux des pierres précieuses. Il ne faut qu'examiner une mouche luisante, un papillon, une chenille même, pour être étonné de leur magnificence et de la variété de leur livrée. Est-il dans la nature que la parure soit l'apanage de la foiblesse ?

(44) Ces yeux qu'avec tant d'art la nature a taillés.

De toutes les parties des insectes, les yeux à réseau sont peut-être les plus propres à nous faire connoître avec quel prodigieux appareil la nature les a formés, et à nous apprendre en général combien elle produit de merveilles qui nous échappent. Les plus grands observateurs microscopiques n'ont pas manqué d'étudier la structure singulière de ces yeux. Ceux des mouches, des scarabées, des papillons et de divers autres insectes, ne diffèrent en rien d'essentiel. Ces yeux sont tous à peu près des portions de sphère : leur enveloppe extérieure peut être regardée comme la cornée. On appelle cornée l'enveloppe extérieure de tout œil, celle à laquelle le doigt toucheroit si, les paupières restant ouvertes, on vouloit toucher un œil. Celle des insectes dont nous parlons a une sorte de luisant qui fait voir souvent des couleurs aussi variées que celles de l'arc-en-ciel. Elle paroît, à la vue simple, unie comme une glace ; mais lorsqu'on la regarde à la loupe, elle paroît taillée à facettes comme des diamants : ces facettes sont disposées avec une régularité admirable et dans un nombre prodigieux. Leuwenhoeck a calculé qu'il y en avoit trois mille cent quatre-vingt-une sur une seule cornée d'un scarabée, et qu'il y en avoit huit mille sur chacune des cornées d'une mouche ordinaire. Hook en a trouvé quatorze mille dans les deux yeux d'un bourdon, et Leuwenhoeck en a compté six mille deux cent vingt-six dans les deux yeux d'un ver à soie ailé. Ce qu'il y a de plus merveilleux, c'est que toutes ces facettes sont vraisemblablement autant d'yeux ;

de sorte qu'au lieu de deux yeux ou cristallins que quelques naturalistes ont peine à accorder aux papillons, nous devons leur en reconnoître sur les deux cornées trente-quatre mille six cent cinquante ; aux mouches, seize mille, et aux autres plus ou moins, mais toujours dans un nombre aussi surprenant.

Voici deux expériences de savants observateurs, qui prouvent incontestablement que chaque facette est un cristallin, et que chaque cristallin est accompagné de ce qui forme un œil complet : ils ont détaché les cornées de divers insectes ; ils en ont tiré avec adresse toute la matière qui y étoit renfermée, et après avoir bien nettoyé toute la surface intérieure, ils les ont mises à la place d'une lentille de microscope. Cette cornée, ainsi ajustée, et pointée vis-à-vis d'une bougie, produisoit une des plus riches illuminations. M. Puget avoit imaginé de tenir au foyer d'un microscope l'œil d'un papillon ainsi préparé : un soldat vu à ce microscope d'un genre particulier auroit paru une armée de dix sept mille trois cent vingt-cinq soldats ; un pont auroit paru l'assemblage d'un nombre infini d'arches. Leuwenhoeck a poussé la dissection jusqu'à découvrir que chaque cristallin a son nerf optique. Comment, dira-t-on, un insecte, avec des milliers d'yeux, peut-il voir l'objet simple ? Lorsque nous saurons au juste comment nous-mêmes, avec deux yeux, nous voyons les objets simples, il nous sera aisé de concevoir que les objets peuvent paroître simples à des insectes avec des milliers d'yeux. La nature, qui a voulu que leurs yeux ne fussent point mobiles, y a suppléé par le nombre et par la position. Malgré ces milliers d'yeux dont sont composées les orbites, la plupart des mouches ont encore trois autres yeux placés en triangle sur la tête, entre le crâne et le cou : ces trois yeux, qui sont aussi des cristallins, ne sont point à facettes ; ils sont lisses et paroissent comme des points. Ces différentes grosseurs des yeux dans le même insecte, jointes à la considération des différentes places accordées à chaque œil, conduisent à présumer avec quelque vraisemblance que la nature a favorisé les insectes d'yeux propres à voir les objets qui sont près d'eux, et d'autres pour voir les objets éloignés ; qu'elle les a pour ainsi dire pourvus de microscopes et de télescopes. Il faut observer que la plupart de ces yeux à facettes sont couverts de poil, que l'on peut soupçonner de produire l'effet des cils de nos yeux, c'est-à-dire de détourner une trop grande quantité de rayons de lumière qui ne serviroient qu'à embarrasser la vue.

(45) *Armes de vos combats, instruments de vos arts.*

Les insectes sont armés de pied en cap ; ils attaquent, ils se défendent : des dents en scie, des dards, des aiguillons, des pinces, des cuirasses, des ailes, des cornes, des ressorts prodigieux dans les pattes, des cordages ou filets, rien ne manque à l'appareil des organes nécessaires pour une guerre offensive et défensive. La nature n'a rien ménagé pour favoriser leur agilité ; elle leur a prodigué tous les instruments nécessaires à leur conservation, et il n'en est aucun qui ne tire parti de ses organes avec une adresse qui surprend le philosophe même. Voyez la note 47 ci-après.

(46) *Que j'observe de près ces clairons, ces tambours.*

La nature a donné à plusieurs insectes, comme aux cigales, aux cousins, aux bourdons, aux grillons, aux sauterelles, et à plusieurs scarabées, la faculté de former certains sons. Mais malgré toutes les recherches on n'a pas encore pu découvrir les organes de l'ouie. L'usage de tous les organes des insectes n'est pas connu; peut-être que parmi ceux dont on ignore la destination il en est qui remplissent les fonctions de l'oreille. Il y a sans doute dans le chant de ces animaux des modulations, des différences que nous ne saisissons pas; car il n'est pas dans l'ordre que le chant du combat, de la victoire, de la douleur et du plaisir, soit sur le même ton. Pourquoi les insectes n'auroient-ils pas, comme les autres animaux, des moyens d'exprimer leurs passions?

(47) *Enfin tous ces ressorts, organes merveilleux.*

Il semble que chaque espèce d'insecte soit destinée à une profession particulière, et qu'elle en ait les outils; il y en a, pour ainsi dire, de tous les arts, de tous les métiers : leurs premiers travaux sont toujours des chefs-d'œuvre; leur industrie paroît aussi variée que la diversité des instruments appropriés au travail qui leur est particulier. On voit parmi eux des architectes qui forment le plan d'un édifice capable de contenir plusieurs centaines d'habitants : les appartements en sont si bien distribués qu'il n'est pas un coin de perdu; chaque individu y est logé séparément dans un espace suffisant. D'autres, plus solitaires, se construisent des cellules séparées, où règnent la propreté et la commodité. Les uns savent filer et ont des quenouilles ; d'autres font de la toile, des filets, et ont pour cela une navette et des pelotons. Il y en a qui bâtissent en bois, et qui ont des serpes pour faire les abattis, des scies pour les débiter : d'autres bâtissent en pierre ; ils ont la truelle et les instruments nécessaires pour les appareiller. Ceux qui travaillent en cire ont des cuillers, des ratissoires : plusieurs, outre la langue pour goûter et lécher, ont la trompe qui fait l'office de chalumeau, ou la tête munie d'une paire de tenailles, et ont encore à l'extrémité de la queue une tarrière mobile propre à percer et creuser, etc. Les mouvements de ces petits animaux ne sont ni de caprice, ni fortuits ; ils sont plein d'ordre et de dessein, et tendent tous au but pour lequel la nature a formé chacun d'eux. Il en est plusieurs dont le gouvernement, l'économie, les mœurs et l'industrie pourroient servir d'exemple aux hommes : il semble qu'ils aient résolu le grand problème de la vie ; ils ont trouvé l'art d'être heureux, ils le paroissent au moins. Pourroit-on en dire autant des hommes, qui se croient bien supérieurs ?

(48) *Et même après la mort y ressemble à la vie.*

Voyez ce qu'a écrit l'abbé Manesse sur l'art d'empailler.

(49) *Que l'être et le néant réclamèrent tous deux.*

Les jeux, les caprices ou les écarts de la nature ne sont pas indignes de l'attention d'un philosophe, quand on ne les observeroit que sous le rapport des avantages qui en peuvent résulter, abstraction faite de ce qu'ils présentent de curieux. On sait que par l'art émané de l'observation on est parvenu à changer la direction de la nature; qu'on a obtenu d'elle, dans les deux règnes des êtres vivants, des individus qu'elle auroit toujours refusés ; que les mulets et les plus beaux fruits sont des monstres qu'elle refuse de reproduire si l'art ne l'y force pas. Qui sait ce qu'on obtiendroit d'elle si tous ses écarts étoient bien connus ? Quant aux restes des êtres gigantesques qui ont existé, leur examen, celui des lieux où on les retrouve, peuvent jeter un grand jour sur ce que fut la nature dans des temps antérieurs.

(50) Ronge indifféremment Dubartas.

Guillaume de Salluste Dubartas, auteur, inconnu aujourd'hui, de beaucoup de poésies et d'un grand poëme sur la création, intitulé *la Semaine*. Il a été non seulement poëte, mais négociateur et vaillant capitaine; et aucun de ces titres ne l'a sauvé de l'oubli.

Le passage suivant de *la Semaine*, dans lequel il dépeint le vol et le chant de l'alouette, lui paroissoit de l'harmonie imitative :

« La gentille alouette crie son tire lire,
« Tire lire a liré, et tire tiran liré
« Vers la voûte du ciel ; puis son vol vers ce lieu
« Vire, et désire dire, adieu Dieu, adieu Dieu.

NOTES.

QUATRIEME CHANT.

(1) Oui, les riches aspects et des champs et de l'onde.

M. de la Harpe, long-temps après que ce morceau eut été lu à l'académie, a fait imprimer un poëme plein d'intérêt sur un sujet à peu près semblable. J'espère que, la lecture publique de mon ouvrage ayant précédé de plusieurs années la publication de celui de M. de la Harpe, on ne m'accusera pas de plagiat, pour quelques ressemblances qui se trouvent dans quelques passages de ces deux poëmes. (*Note de l'auteur.*)

(2) Fuit, roule et de son lit abrège les détours.

« Qua pinus ingens, albaque populus
« Umbram hospitalem consociare amant
« Ramis, et obliquo laborat
« Lympha fugax trepidare rivo. »

HORAT. Carm. lib. II, od. III.

(*Note de l'auteur.*)

(3) Ses pas dans tous vos sens retentissent encor.

On trouve des descriptions du cheval dans la Bible, au chapitre XXXIX du *livre de Job*, dans le troisième livre des *Géorgiques* de Virgile.

(4) Le taureau qui gémit sur son frère expirant.

« . . . . It tristis arator
« Mœrentem abjungens fraterna morte juvencum. »

GEORG. lib. III.

QUATRIÈME CHANT.

(5) *A qui doit demeurer l'empire des troupeaux.*

On reconnoîtra facilement dans ce morceau une imitation de la belle description que Virgile a faite du combat de deux taureaux pour une génisse, dans le troisième livre des Géorgiques; description pleine d'ame et de mouvement, et l'une de celles où la poésie a prêté avec le plus de succès les passions de l'homme aux animaux.

(6) *Et s'en retourne enfin seule et désespérée.*

Je n'ai pas prétendu m'approprier ce vers de Racine; mais j'ai cru pouvoir l'employer dans un morceau où je conseille au peintre des champs, pour rendre les animaux plus intéressans, de leur prêter nos penchants et nos passions. Tout le monde sait que ce vers a été mis par Racine dans la bouche de Clytemnestre disputant sa fille à l'ambition de son époux. (*Note de l'auteur.*)

(7) *O champs de la Limagne! ô fortuné séjour!*

Sidonius Apollinaris, lib. IV, epist. 21, fait de la Limagne la belle description que l'on a cru devoir donner ici : *Taceo territorium viatoribus molle, fructuosum aratoribus, venatoribus voluptuosum; quod montium cingant dorsa pascuis, latera vinctis, terrena villis, saxosa castellis, opaca lustris, aperta culturis, concava fontibus, abrupta fluminibus; quod denique hujusmodi est, ut semel visum, advenis multis, patriæ oblivionem sœpe persuadeat.* Le roi Childebert avoit coutume de dire, « qu'il ne désiroit qu'une chose avant que de « mourir, qui étoit de voir cette belle Limagne, qu'on

« dit être le chef-d'œuvre de la nature et une espèce
« d'enchantement. »

La Limagne, qui est la patrie de l'auteur, a aussi été celle de Pascal, de Domat, de Savaron, Guébriard, Sirmond, Marmontel, Thomas, etc. (*Note de l'auteur.*)

(8) *Là des frippons gagés surveillent leurs complices.*

On sait que dans toutes les grandes villes la police emploie souvent des frippons pour découvrir des fripponneries. (*Note de l'auteur.*)

(9) *Du bout de son allée appercevoit Paris.*

« Adieu donc, Paris ! ville célèbre, ville de bruit, de
« fumée et de boue, où les femmes ne croient plus à
« l'honneur, ni les hommes à la vertu ! Adieu, Paris !
« nous cherchons l'amour, le bonheur, l'innocence; nous
« ne serons jamais assez loin de toi ». ÉMILE, liv. IV.

Rousseau décrit dans plusieurs passages de ses œuvres les sensations vives et douces avec lesquelles il se plaisoit à opposer au spectacle de Paris les images fraîches et riantes de la nature.

(10) *Ignorer les humains et vivre ignoré d'eux.*

Ces vers sont imités d'Horace; et peut-être ne sera-t-on pas fâché de retrouver ici l'imitation qu'en a faite le célèbre Despréaux :

« O rus, quando ego te aspiciam, quandoque licebit,
« Nunc veterum libris, nunc somno et inertibus horis
« Ducere sollicitæ jucunda oblivia vitæ ?
« Oblitus cunctorum, obliviscendus et illis ! »

« *O fortuné séjour! ô champs aimés des cieux!*
« *Que pour jamais foulant vos prés délicieux,*
« *Ne puis-je ici fixer ma course vagabonde,*
« *Et, connu de vous seuls, oublier tout le monde!* »

Ces vers, comparés à ceux d'Horace, suffisent pour montrer au lecteur la différence du génie de ces deux poëtes : elle est d'autant plus sensible qu'elle se montre dans l'expression très différente de la même idée et du même sentiment. Boileau, en traduisant Horace, est encore Boileau. Ce poëte, si supérieur à son modèle dans la satire, n'a jamais eu dans la poésie philosophique ni sa douceur, ni sa grace, ni son aimable abandon.

O fortuné séjour! ô champs aimés des cieux!

ne vaut pas la simplicité touchante de ces mots, *O champs, quand pourrai-je vous voir?* Horace ne demande pas de fortuné séjour, des champs aimés des cieux : il *demande la campagne*; la campagne, quelle qu'elle soit, suffit à ses désirs : « *O rus, quando ego te aspiciam* »! On est fâché de ne pas retrouver dans les vers de Boileau cette voluptueuse distribution du temps entre le sommeil, la lecture des anciens et la paresse. Quelle douceur à la fois et quelle hardiesse dans l'*inertibus horis*, les heures paresseuses! Combien on doit regretter aussi ce vers charmant :

Ducere sollicitæ jucunda oblivia vitæ!
Boire l'heureux oubli d'une vie inquiète.

Enfin quelle différence, pour l'harmonie, la grace et l'expression de l'amour de la solitude, entre

Oblitus cunctorum, obliviscendus et illis,

et ce vers,

Et, connu de vous seuls, oublier tout le monde!

Enfin Horace a trouvé ces vers dans son ame, et Boileau a pris les siens dans Horace, mais avec la différence qu'ont dû mettre entre le poëte et l'imitateur la sensibilité exquise de l'un et l'élégance un peu laborieuse de l'autre. C'est à cette correction, fruit du goût et du travail, que Chapelle fait allusion dans ces vers si plaisants et si vrais :

> « Tout bon habitant du Marais
> « Fait des vers qui ne coûtent guère ;
> « Pour moi c'est ainsi que j'en fais :
> « Je les ferois bien plus mauvais
> « Si je tâchois de les mieux faire.
> « Quant à monsieur Despréaux,
> « Il en compose de fort beaux. »

La Fontaine seul nous offre des exemples de cette douce sensibilité et de cet abandon plein de grace que j'admirois dans ces vers d'Horace, lorsqu'au sujet de l'amour il s'écrie :

> « Hélas ! quand reviendront de semblables moments !
> « Faut-il que tant d'objets si doux et si charmants
> « Me laissent vivre au gré de mon ame inquiète ?
> « Ah ! si mon cœur encore osoit se renflammer !
> « Ne trouverai-je plus le charme qui m'arrête ?
> « Ai-je passé le temps d'aimer ? »

Le sujet est différent, mais le caractère du style est le même. (*Note de l'auteur.*)

(11) *Le vers vole et le suit aussi prompt que l'éclair.*

Dans une société où se trouvoit M. le chevalier de B*** on avoit parlé d'harmonie imitative dans les vers ; des personnes de beaucoup d'esprit nioient l'existence de cette harmonie. L'auteur de ce poëme, invité à lire quelques vers, choisit le morceau qui avoit pour objet l'harmonie imitative. Alors M. le chevalier de B*** dit, avec l'esprit et la finesse qui lui sont si familiers : « Il a fait comme le « philosophe à qui l'on nioit le mouvement, il a marché ». (*Note de l'auteur.*)

(12) Et nous, infortunés que proscrivent les dieux.

Morceau écrit en 1794, et supprimé dans la première édition.

(13) O Thiars ! tu n'es plus !

M. de Thiars, lieutenant-général des armées, commandant en Provence et puis en Bretagne, arraché des bras de son digne ami, M. de Clermont-Gallerande, pour aller à l'échafaud. Un de ses amis les plus estimés conserve de lui une lettre écrite au moment où il marchoit à la mort, pleine de la fermeté la plus héroïque et de l'amitié la plus tendre pour l'amie dont j'ai fait mention dans ces vers, et dont il ignoroit la mort. (*Note de l'auteur.*)

(14) Ton amie avoit fui de ce séjour d'effroi.

Madame de Serrant.

(15) Hélas ! et que n'en peut la sanglante mémoire,
Ainsi que de ces murs, s'effacer de l'histoire !

J'ai déjà remarqué dans le discours préliminaire, que le poëme de Virgile, publié dans un temps de calme et de bonheur, fut composé dans des circonstances trop malheureusement semblables à celles où ce morceau des

Géorgiques françaises fut écrit. On en sera convaincu par la lecture de ces vers qui terminent le premier livre des Géorgiques latines :

> « Quippe ubi fas versum atque nefas : tot bella per orbem :
> « Tam multæ scelerum facies : non ullus aratro
> « Dignus honos ; squalent abductis arva colonis,
> « Et curvæ rigidum falces conflantur in ensem :
> « Hinc movet Euphrates, illinc Germania, bellum :
> « Vicinæ, ruptis inter se legibus, urbes
> « Arma ferunt ; sævit toto Mars impius orbe.
> « Ut, cum carceribus sese effudere, quadrigæ
> « Addunt in spatia, et frustra retinacula tendens
> « Fertur equis auriga, neque audit currus habenas. »
>
> VIRG. Georg. lib. I.

Traduction par Delille.

> « Que d'horreurs en effet ont souillé la nature !
> « Les villes sont sans lois, la terre sans culture ;
> « En des champs de carnage on change les guérets,
> « Et Mars forge ses dards des armes de Cérès ;
> « Ici le Rhin se trouble, et là mugit l'Euphrate ;
> « Par-tout la guerre tonne, et la discorde éclate ;
> « Des augustes traités le fer tranche les nœuds,
> « Et Bellone en grondant se déchaîne en cent lieux.
> « Ainsi, lorsqu'une fois lancés de la barrière,
> « D'impétueux coursiers volent dans la carrière,
> « Leur guide les rappelle et se roidit en vain ;
> « Le char n'écoute plus ni la voix ni le frein. »

J'ai à me reprocher dans cette traduction d'avoir infidèlement rendu ces mots, *fas versum atque nefas* : ils rendent avec une précision et une énergie extrême le plus grand malheur des grandes crises des empires ; c'est la confusion des idées morales et politiques, du bien et du mal, du juste et de l'injuste. Les bornes une fois arrachées, on ne sait plus où les replacer. De cette incertitude naît le combat des opinions, qui l'augmente encore. Si l'incertitude est un grand tourment pour les particuliers, elle est un plus grand tourment pour les empires : de là résulte pour les ames communes une attente inquiète, pour les ames pusillanimes le découragement, pour les ames ambitieuses l'audace des entreprises téméraires et désorganisatrices. Et comment jouir de quelque bonheur dans un état de choses où la constitution, la religion, l'éducation, les institutions civiles et militaires marchent, ou plutôt se traînent, au milieu de craintes et de projets, de contradictions et de réclamations sans nombre, qui résultent nécessairement des souvenirs du passé, du sentiment douloureux du présent, et de la perspective incertaine de l'avenir? Les nouveaux riches ne jouissent qu'en tremblant du fruit de leurs rapines ; les hommes dépouillés, du fond de leur misère, voient avec indignation l'apparition scandaleuse des fortunes nouvelles élevées sur leurs débris : tout est inquiétude, inimitié, fureur ; tous attendent, souffrent ou conspirent : *quippe ubi fas versum atque nefas.*

(*Note de l'auteur.*)

FIN DES NOTES.

www.ingramcontent.com/pod-product-compliance
Lightning Source LLC
Chambersburg PA
CBHW070656170426
43200CB00010B/2267